科技法律实务系列

科研活动商业秘密
合规管理指南

中国科协学会服务中心　编著

知识产权出版社

全国百佳图书出版单位

—北京—

图书在版编目（CIP）数据

科研活动商业秘密合规管理指南 / 中国科协学会服务中心编著. — 北京 ：知识产权出版社，2024. 12. — ISBN 978-7-5130-9621-8

Ⅰ．D923.4-62

中国国家版本馆 CIP 数据核字第 20246DH042 号

内容提要

　　商业秘密是保护科研成果的重要途径，但商业秘密保护主要依靠成果所有人自己的合规管理，管理措施不到位或不合规可能导致无法获得有效保护。本书旨在为科研机构、科技工作者及科技学会提供系统化的商业秘密合规管理建议，为科技成果提供有效保护，促进科技创新与成果转化，防范法律风险。本书的主要内容包括商业秘密常见的泄密风险分析、科研项目商业秘密管理建议、商业秘密维权策略等。希望本书能够帮助科技工作者、科研机构管理者在科研活动中有效管理和保护商业秘密，为科技创新活动提供助力。

责任编辑：张　珑　　　　　　　　　　责任印制：刘译文

科研活动商业秘密合规管理指南

KEYAN HUODONG SHANGYE MIMI HEGUI GUANLI ZHINAN

中国科协学会服务中心　编著

出版发行：知识产权出版社有限责任公司		网　　址：http://www.ipph.cn	
电　　话：010-82004826		http://www.laichushu.com	
社　　址：北京市海淀区气象路 50 号院		邮　　编：100081	
责编电话：010-82000860 转 8574		责编邮箱：laichushu@cnipr.com	
发行电话：010-82000860 转 8101/8102		发行传真：010-82000893	
印　　刷：天津嘉恒印务有限公司		经　　销：新华书店、各大网上书店及相关专业书店	
开　　本：720mm×1000mm　1/16		印　　张：7.75	
版　　次：2024 年 12 月第 1 版		印　　次：2024 年 12 月第 1 次印刷	
字　　数：115 千字		定　　价：39.80 元	

ISBN 978-7-5130-9621-8

前　言

　　商业秘密是重要的知识产权类型，是保护科技成果最重要的方式之一。我们经常提及的"卡脖子"技术，这种壁垒效应除了依靠申请专利保护之外，更多的是依靠商业秘密保护来形成的。商业秘密保护制度是法律赋予科技创新者的一种有力的法律工具，商业秘密持有人应学会如何利用商业秘密有效保护自己的创新成果，构筑有效的法律壁垒，更好地维护自己的领先优势。

　　从宏观角度讲，商业秘密保护也是优化营商环境的核心要素。习近平总书记在 2019 年 4 月第二届"一带一路"国际合作高峰论坛开幕式的主旨演讲中强调"完善商业秘密保护，依法严厉打击知识产权侵权行为"。2024年 7 月党的二十届三中全会报告强调，要"构建商业秘密保护制度"。《中华人民共和国反不正当竞争法》（以下简称《反不正当竞争法》）也于 2017年和 2019 年两次进行了修改，进一步加强了对商业秘密的保护，希望通过强化商业秘密保护营造更有利于创新的营商环境，让创新者能有效阻止他人的抄袭模仿，使其安于创新。

　　北京市高级人民法院的一份调研报告显示，2013—2017 年全国法院涉及侵犯商业秘密民事案件中，原告的败诉率高达 65%，远高于胜诉率。❶造成这种局面的主要原因是商业秘密权利人商业秘密合规管理不到位，导致诉讼中缺乏举证能力。我们从公开的案例数据库中对 2019 年《反不正当竞争法》修改后的商业秘密侵权民事案件进行了统计，发现 2019—2022 年商业秘密侵权民事诉讼案件中，原告的败诉率分别为：67%、70%、76%、64%，也就是说即使修改后的法律实行了部分举证责任倒置，降低了原告的举证

---

❶ 北京市高级人民法院知识产权庭课题组.《反不正当竞争法》修改后商业秘密司法审判调研报告 [J]. 电子知识产权，2019（11）：65-85.

难度，但原告的胜诉率相较于法律修改之前并没有明显提升。究其原因是原告的基础举证能力没有提升，还是无法完成基础的举证义务，因此即使法律强化了对商业秘密的保护，仍然无法帮助权利人赢得诉讼。商业秘密诉讼中的举证能力，有赖于权利人前端的商业秘密合规管理，如果合规管理不到位，就无法留存未来诉讼中所需要的有效证据。例如，如果权利人没有对自己的技术信息采取保密措施，则导致这些技术信息不满足商业秘密的构成要件，无法作为商业秘密获得法律保护。由于商业秘密并没有像专利一样经历主管部门的审查和公示，其保护客体一直处于保密状态，因此阻止商业秘密被窃取、被泄露主要依靠权利人的自力救济。法律仅能在发生纠纷时帮助权利人制止侵权行为，但相对于专利而言，商业秘密权利人将在纠纷中承担更重的举证义务。由于员工跳槽、竞争对手"挖墙脚"、商务合作、员工疏忽大意行为都有可能会造成商业秘密被泄露，这就需要权利人做好前端的合规管理，建立一套完善的商业秘密保护体系，保障自身商业秘密的安全，同时保障自身将来在纠纷中的举证能力。但目前我国很多创新主体利用商业秘密保护自己创新成果的能力远不能适应其创新活动的需求，亟须提升。

我国很多创新主体缺乏商业秘密保护意识，只有在遇到纠纷遭受损失后才意识到商业秘密保护的重要性，但商业秘密侵权纠纷造成的损失几乎是不可弥补的。因此，防患于未然是商业秘密保护的重中之重。

从国际形势看，在中美贸易摩擦不断的大环境下，高科技领域的商业秘密案件频发，中美贸易协定及近来国内一系列法规和司法解释的出台都对企业商业秘密合规管理提出了更高的要求。中美两国科技企业研发合作及我国科技人才引进过程中也引发了不少商业秘密纠纷，给国际科技合作造成了很多障碍。其中有些案例暴露出当事人商业秘密合规意识的欠缺，造成了侵权纠纷，严重影响企业的形象，值得我们关注。

面对国内、国际形势，国内创新主体需要熟悉商业秘密保护的相关规则，在科技创新及科研合作的同时做好商业秘密合规管理，利用商业秘密保护好自己的创新成果，形成自己的核心竞争力，同时避免商业秘密纠纷的法律风险。

为了解决科研活动商业秘密保护中面临的问题，帮助科技创新主体提升商业秘密合规管理能力，本书编写组通过对中国科协所属部分全国学会和科研机构进行走访调研，从科研活动中的各环节类型的商业秘密风险分析、科研项目商业秘密管理、商业秘密维权策略等方面出发编写本书，希望能引导创新主体重视商业秘密保护，在做好科研工作的同时，管理和保护好自己的商业秘密，更好地保护自己的创新成果。

虽然本书尽力保证问题分析和建议的准确性，但也无法保证这些内容符合每个读者的实际情况。因此，并不建议读者机械照搬本书给出的意见建议，必要时还请咨询专业人士和机构。如果读者在使用本书过程中，遇到不确定或疑惑的问题，也可以通过中国科协学会服务中心进行咨询。

限于自身能力，难免会有疏漏之处，恳请广大读者批评指正。

目　　录

第一章

商业秘密概述

第一节　知识产权概述

知识产权是民事主体对智力劳动成果依法享有的专有权利。根据《中华人民共和国民法典》（以下简称《民法典》）相关规定，知识产权是权利人依法就下列客体享有的专有的权利："（一）作品；（二）发明、实用新型、外观设计；（三）商标；（四）地理标志；（五）商业秘密；（六）集成电路布图设计；（七）植物新品种；（八）法律规定的其他客体。"

权利的客体是指权利行使所指向的对象。知识产权客体为智力成果，这些智力成果分别体现为作品、发明、实用新型、外观设计、商标、地理标志、商业秘密等，其本质是信息。出于实现特定公共政策的需要，法律需要赋予创造者对这些客体的独占权利，将某些信息从法律上规定为创造者的财产。其目的是让权利人可以依法阻止他人的抄袭和模仿，独占其创新成果的经济利益，以此来激励人们的创新积极性。随着经济发展，科学技术在社会进步中的重要性不言而喻，如果不通过法律强制性地将这些无形的信息规定为创造者在法律上的财产，由于信息的可无限复制性与快速传播性，那些通过创造者投入了大量时间、精力、金钱而产生的新信息会轻易地被他人使用，从而导致创新积极性降低。因此，法律需要通过赋予发明人对其发明创造的财产权来换取创造者的积极性，使自己享有财产权的同时造福社会。

知识产权是一种法定性权利，客体需要满足什么条件才可以获得保护、权利的内容、侵权行为的构成等都由法律详细规定，这些认定规则非常复杂，判定具有一定的专业性和难度，给知识产权的保护带来不确定性。

在当今社会，创新是推动社会技术进步、社会发展的第一动力，是赢得国际竞争的关键因素；知识产权保护是激励创新的基础性法律制度，加强知识产权保护无论是从国家战略层面还是在企业自身发展层面均有着至关重要的意义。要想保护好知识产权，一方面依靠不断完善法律制度，为知识产权提供更强有力的保护；另一方面也需要创新成果的权利人不断提高知识产权合规管理水平，才能使其创新成果获得充分有效的保护。

第二节　商业秘密概述

一、什么是商业秘密

商业秘密是指不为公众所知悉、具有商业价值并经权利人采取相应保密措施的技术信息、经营信息等商业信息。❶通俗来讲，商业秘密是一种权利人独有的具有商业价值的信息，如果权利人采取了相应的保密措施不想让其他人知道，则其他人不能够通过不正当手段窃取、泄露或者使用该信息，否则就属于侵权行为，权利人可以请求停止侵权和赔偿损失，情节严重的商业秘密侵权行为还有可能构成侵犯商业秘密罪，行为人应承担刑事责任。商业秘密保护的目的是保护权利人的智力成果，制止他人的侵权行为，通过保护权利人的合法权益来激励创新。

从法律层面讲，商业秘密与发明创造、商标、植物新品种、作品等一样，都属于知识产权保护的客体，是权利人的智力劳动成果或商誉，能够为权利人带来经济利益和竞争优势。

《最高人民法院关于审理侵犯商业秘密民事案件适用法律若干问题的规定》对该定义的一些关键词给出了进一步的具体规定。其中，关于技术

---

❶《中华人民共和国反不正当竞争法》第九条。

信息和经营信息都包括哪些常见的信息，该规定第一条进行了细化："与技术有关的结构、原料、组分、配方、材料、样品、样式、植物新品种繁殖材料、工艺、方法或其步骤、算法、数据、计算机程序及其有关文档等信息，人民法院可以认定构成反不正当竞争法第九条第四款所称的技术信息。与经营活动有关的创意、管理、销售、财务、计划、样本、招投标材料、客户信息、数据等信息，人民法院可以认定构成反不正当竞争法第九条第四款所称的经营信息。前款所称的客户信息，包括客户的名称、地址、联系方式以及交易习惯、意向、内容等信息。"从以上规定可以看出，企业研发、生产、管理中的大多数信息都可以作为商业秘密进行保护。

"技术信息"是指利用科学技术知识、信息和经验获得的技术方案或相关信息，包括但不限于产品配方、制作工艺、制作方法、研发记录、实验数据、技术诀窍、技术图纸、样品、样机、模型、模具、设备、设计、程序、公式、编程规范、计算机软件源代码和有关文档等信息。"经营信息"是指与公司经营活动有关的各类信息，包括但不限于战略规划、客户信息、员工信息、货源信息、销售信息、产品发货单、物流信息单、营销策略、谈判策略、定价策略、财务计划、产品规划、招投标中的标底及标书内容等信息。

商业秘密的法定要件是进行商业秘密合规管理的目标和基础，商业秘密只有满足了法定要件才能获得法律的保护，才可能在将来的诉讼程序中获得法律救济。商业秘密管理的目标是让有价值的信息尽量符合法律规定的标准，并采取保密措施防止这些信息被泄露。比如不为公众所知悉的规定，如果员工已经将研究成果发表在了学术期刊上，就无法再作为商业秘密进行保护。反过来，权利人应该关注的是，在员工发表文章之前设定一个审核程序，判断这些成果是否应作为商业秘密进行保护，是否需要对这些成果采取保密措施，是否应该为员工设定保密义务。所以，通过对法律规定的反向解读和分析，权利人可以得知如何对商业秘密信息进行管理和保护，让需要保护的信息满足法律规定的标准。

二、商业秘密的特点

商业秘密是与专利权、商标权、著作权并列的一种知识产权类型，同样能够为创新者提供一种知识产权保护，使其能够独占创新成果的市场，阻止竞争对手的抄袭模仿，从而在竞争中处于有利地位。但商业秘密与传统知识产权中的专利权存在显著差异，商业秘密并不强调公开性而强调秘密性，专利权、则强调以公开的方式获得权利。除此之外，商业秘密与传统知识产权在行政确权程序、客体范围、保护难度、认定要求与保护期上也有着较大区别。

商业秘密不需要行政确权程序。商业秘密的取得无须权利人提交申请，不需要通过国家行政部门事先审查、登记或者注册，只需要满足法律规定的商业秘密构成要件即可成立。多数情况下是权利人在遇到侵权纠纷时来主张自己的权利，由法院来认定其主张的信息是否构成商业秘密。

商业秘密的客体相比专利客体范围更加广泛。商业秘密不仅可以涵盖技术方案的相关信息，也可以涵盖客户名单、经营策略等经营信息。另外，构成商业秘密并不要求达到创造性的高度，即使是公知信息的组合，如果整体上已经达到所属领域相关人员不容易获得的，也有可能构成商业秘密。

商业秘密保护起来相对困难，需要权利人持续不断地投入。商业秘密的保护需要确保该商业秘密信息一直满足秘密性、价值性和保密性的要求。这需要企业持续不断地投入以维持该信息处于保密状态，还要承担其他人独立开发出相同技术的风险。如果因管理不善导致保密信息被公开，则失去了作为商业秘密保护的基础。

相比于专利侵权诉讼，商业秘密侵权诉讼中权利人的初步举证义务更重。权利人需要证明自己拥有某一保密信息，然后再证明该信息符合法定要件属于商业秘密，还需证明被控侵权人接触或知悉该信息，因此在维权阶段对权利人的举证要求要比专利高很多。相比之下，专利权经历过行政确权程序，其权利已经被推定有效，权利人只要证明该专利仍处于有效状态即可，不需要承担其他举证义务。

商业秘密的保护期时间长。对于权利人而言，一项技术方案既可以选择申请专利来获得保护，也可以选择通过商业秘密进行保护。在我国，发明专利的保护期限为 20 年，实用新型专利的保护期限为 10 年，外观设计专利的保护期限为 15 年，均自申请日起算，超过以上期限后，发明创造就不能再获得专利法的保护。与专利不同，如果采取适当的保密措施，维持该信息一直处于不为公众所知悉的状态，商业秘密的保护期理论上可以无限长。例如，可口可乐的配方已经保密了一百多年，如此长的保护期是专利无法比拟的。

另外，由于没有经过行政确权程序对保护客体的事先确认，在发生商业秘密纠纷时，当事人必须提供足够的证据证明其主张的信息满足商业秘密的构成要件。这就导致企业必须持续不断地投入，保留能够证明保密信息产生的时间、内容、载体等的证据，还要证明该信息不为公众所知悉、具有商业价值并且采取了相应的保密措施，而且还要保证若干年后发生纠纷时这些证据仍然是可获取的，只有具备了这样的举证能力才能够获得法律的支持，达到保护企业商业秘密的效果。

第三节　商业秘密的构成要件

《中华人民共和国反不正当竞争法》（以下简称《反不正当竞争法》）于 1993 年制定，分别于 2017 年和 2019 年进行了两次修改。2017 年修改前的《反不正当竞争法》规定，所谓商业秘密是指"不为公众所知悉、能为权利人带来经济利益、具有实用性并经权利人采取保密措施的技术信息和经营信息"，人们将其概括为构成商业秘密的"四要件"：秘密性、价值性、实用性和保密性。《反不正当竞争法》在 2017 年修改时，删除了商业秘密"实用性"这一要件，即所谓商业秘密是指"不为公众所知悉、具有商业价值并经权利人采取相应保密措施的技术信息、经营信息等商业信息"，构成商业秘密的信息需要具备秘密性、价值性和保密性三个要件即可，不再需要证明该信息具备实用性。下面将逐一分析这三个要件的内容，再辨析常见的几个概念。

一、不为公众所知悉

不为公众所知悉的要件又被称为商业秘密的秘密性要件，具体是指有关信息不为其所属领域的相关人员普遍知悉和容易获得。❶《中华全国律师协会律师办理商业秘密法律业务操作指引（2015 修订）》6.4 条规定了 6 种不构成不为公众所知悉的具体情形：（1）该信息为其所属技术或者经济领域的人的一般常识或者行业惯例；（2）该信息仅涉及产品的尺寸、结构、材料、部件的简单组合等内容，进入市场后相关公众通过观察产品即可直接获得；（3）该信息已经在公开出版物或者其他媒体上公开披露；（4）该信息已通过公开的报告会、展览等方式公开；（5）该信息从其他公开渠道可以获得；（6）该信息无须付出一定的代价而容易获得。符合商业秘密定义的，应当认定该新信息不为公众所知悉。商业秘密的秘密性是维系其商业价值和垄断地位的前提条件之一，是认定商业秘密的基本要件和主要法律特征。"不为公众所知悉"不代表商业秘密信息中的任何一个信息均是非公知性的，由众多公知信息进行加工、汇总、组合，同样也能符合秘密性的特征。对于"作为商业秘密的整体信息是否为公众所知悉的认定"的问题，最高人民法院认为：在能够带来竞争优势的技术信息或经营信息是一种整体信息的情况下，不能将其各个部分与整体割裂开来，简单地以部分信息被公开就认为该整体信息已为公众所知悉。❷

不为公众所知悉并不需要该信息达到专利创造性的高度。在姜某辉等侵犯商业秘密案中，深圳市中级人民法院在一个案件的生效判决中认为：涉案 ifere 电路原理图的各个部件虽是现有、公开技术，但各个部件之间的组合关系具有特定性，不为公众所知悉；被告人使用两项天线技术申请的专利因不具有创造性被宣告无效，亦不影响该技术信息符合非公知性要求。因此，上述技术信息仍然构成商业秘密。可见"不为公众所知悉"的要求并不像专利审查中的"创造性"要求那么高，只要是"不为其所属领域的相关人员普遍知悉和容易获得"即可。

---

❶《最高人民法院关于审理不正当竞争民事案件应用法律若干问题的解释》（已失效）第九条。

❷（2011）民监字第 414 号。

在湖南省高级人民法院发布的 2021 年度商业秘密司法保护典型案例之一张某等人犯侵犯商业秘密罪案❶中，法院认为：判断由多个技术参数构成的技术秘密是否"不为公众所知悉"时，因多个技术参数之间不同的搭配关系，会产生不同的效果，故单个技术参数的公开，并不必然导致技术秘密的公开。

因此，商业秘密的秘密性的标准是相对的，也并不会像判断专利的新颖性一样严格，但同时也存在一定的不确定性。

实践中还经常遇到因为发表论文，参加学术会议、技术评审会等造成信息被公开，失去了秘密性。所以计划以商业秘密进行保密的信息或者将来打算申请专利的技术方案，不要发表论文或者在相关会议上发表，如果确需参加一些技术会议或者技术评审会，需要让接触到这一信息的人签署保密协议。

以案说法 ◄◄◄◄

秘密的认定

——南方中金环境股份有限公司诉浙江南元泵业有限公司、

赵某高等侵害商业秘密纠纷案❷

在该案中，虽然单个零部件所承载的技术信息已经属于公共领域的知识，但通过重新组合设计成为新的技术方案，且通过查阅公开资料或其他公开渠道无法得到，通过反向工程也不容易获得，应当认定该技术方案不为公众所知悉。

二、具有商业价值

价值性要件是指商业秘密能为权利人带来商业价值，是认定商业秘密的主要要件，也是权利人要保护商业秘密的内在原因，因此这也是相对容易满足的要件。《最高人民法院关于审理侵犯商业秘密民事案件适用法律若

---

❶ 长沙市长沙县人民法院（2019）湘 0121 刑初 293 号；长沙市中级人民法院（2020）湘 01 刑终 941 号。

❷ 浙江省杭州市中级人民法院（2020）浙 01 民初 287 号。

干问题的规定》第七条规定："权利人请求保护的信息因不为公众所知悉而具有现实的或者潜在的商业价值的，人民法院经审查可以认定为反不正当竞争法第九条第四款所称的具有商业价值。生产经营活动中形成的阶段性成果符合前款规定的，人民法院经审查可以认定该成果具有商业价值。"

商业秘密的商业价值不仅包括已经实现的真实价值，还包括未来的潜在价值，不仅包括可以进行评估量化的价值，也包括不能进行评估量化的价值。例如，销售策略本身的价值很难准确界定，但是它可以为企业带来潜在的、预期的收益，这就满足了商业秘密的价值性。商业秘密的价值性不要求达到一定的成果或者盈利，只要是可以维持市场竞争优势的信息，都符合价值性的要求。

需要注意的是，除了具有实用性的信息之外，商业秘密也可包括那些本身"不实用"的信息，这些信息也称作"失败的技术秘密"。例如，失败的实验数据本身不能给企业带来直接利益，但是可以降低研发过程的摸索和试错的成本，如果竞争对手以不正当手段获取此类信息，就可以提高研发效率，缩短与权利人的差距，属于一种不当获利，而这对权利人来说就意味着损失。如加入某公司为开发一种新材料进行了 100 次配方和工艺调整及尝试，最后一次才获得成功，在此期间所有试错方案对其他人来讲都是有价值的，其他人可以免走很多弯路，大大降低研发成本。从这个角度讲，这些失败的方案也是有商业价值的。如果对这些失败的配方采取合理的保密措施使其处于保密状态，根据商业秘密的定义，这些信息也符合商业秘密的要件。

一般来说，在司法实践中证明价值性的难度较低，权利人能够对所主张密点可以带来的经济利益或竞争优势进行合理的说明即可。例如，在金某盈侵犯商业秘密案❶中，法院认为：请求保护的技术信息和经营信息若能够为权利人带来现实的经济利益或者潜在的竞争优势，就可以认定为具有商业价值性。

---

❶ 浙江省瑞安市人民法院（2018）浙 0381 刑初 1234 号；浙江省温州市中级人民法院（2019）浙 03 刑终 424 号。

三、采取相应的保密措施

"采取相应的保密措施"这一要件又被称为商业秘密的保密性，具体是指权利人为防止信息泄露所采取的与其商业价值等具体情况相适应的合理保护措施，这是认定商业秘密的重要要件。

常见的保密措施包括：限定涉密信息的知悉范围，只对必须知悉的相关人员告知其内容；对于涉密信息载体采取加锁等防范措施；在涉密信息的载体上标有保密标志；对于涉密信息采用密码或者代码等；签订保密协议或者在合同中约定保密义务；通过章程、培训、规章制度、书面告知等方式，对能够接触、获取商业秘密的员工、前员工、供应商、客户、来访者等提出保密要求；对涉密的厂房、车间等生产经营场所限制来访者、提出保密要求或者进行区分管理；以标记、分类、隔离、加密、封存、限制能够接触或者获取的人员范围等方式，对商业秘密及其载体进行区分和管理；对能够接触、获取商业秘密的计算机设备、电子设备、网络设备、存储设备、软件等，采取禁止或者限制使用、访问、存储、复制等措施；要求离职员工登记、返还、清除、销毁其接触或者获取的商业秘密及其载体，继续承担保密义务等。

在商业秘密侵权纠纷中，由原告对特定信息构成商业秘密承担举证责任，因此在采取以上保密措施的同时，应当注意采取保密措施的证据留存。

另外，还要注意应当选择适当的保密措施，达到"在正常情况下足以防止商业秘密泄露的"标准。一般来说，综合选用多种保密措施是增强"防止商业秘密泄露"效果的有效途径。如果仅采取制定保密制度或者签署笼统的保密协议的方式，有可能在诉讼中被认定为没有达到"防止泄露"的标准。例如，在相关案件❶中，法院认为原告"提供的采取保密措施的证据仅为书面的《保密制度》"，被告人对该保密制度不予认可，而原告未再提供《保密制度》之外的其他证据佐证，故现无证据表明原告对其客户信息

---

❶（2009）辽民三终字第 117 号案。

采取了保密措施。"在另一相关案件中❶，法院明确指出虽然原告在劳动合同及解除劳动合同通知书中明确被告负有保密义务，但上述约定是笼统的，而且，原告证明其与客户交易的条款、价格和结算方式的证据亦仅有传真件或打印件，没有证据表明其就涉案诉请保护的客户信息采取了足以防止信息泄露的具体措施。

实践中经常出现权利人因一些疏忽大意的行为，导致信息被他人知悉，这种情况有可能会被法院认定为权利人没有对该信息采取保密措施。例如，权利人在小范围和他人讨论某研发项目最新进展，而参加的人并没有签署保密协议，而且也没有其他证据证明参加人被告知有保密义务，后参加人将知悉的内容作为论证材料发表了一篇论文，后续诉讼中法院有可能会认为权利人没有对该研发项目的相关信息采取保密措施。

法条索引

《最高人民法院关于审理侵犯商业秘密民事案件
适用法律若干问题的规定》（节选）

第四条 具有下列情形之一的，人民法院可以认定有关信息为公众所知悉：

（一）该信息在所属领域属于一般常识或者行业惯例的；

（二）该信息仅涉及产品的尺寸、结构、材料、部件的简单组合等内容，所属领域的相关人员通过观察上市产品即可直接获得的；

（三）该信息已经在公开出版物或者其他媒体上公开披露的；

（四）该信息已通过公开的报告会、展览等方式公开的；

（五）所属领域的相关人员从其他公开渠道可以获得该信息的。

将为公众所知悉的信息进行整理、改进、加工后形成的新信息，符合本规定第三条规定的，应当认定该新信息不为公众所知悉。

第五条 权利人为防止商业秘密泄露，在被诉侵权行为发生以前所采

---

❶（2011）朝民初字第 07247 号案。

取的合理保密措施，人民法院应当认定为反不正当竞争法第九条第四款所称的相应保密措施。

人民法院应当根据商业秘密及其载体的性质、商业秘密的商业价值、保密措施的可识别程度、保密措施与商业秘密的对应程度以及权利人的保密意愿等因素，认定权利人是否采取了相应保密措施。

第六条　具有下列情形之一，在正常情况下足以防止商业秘密泄露的，人民法院应当认定权利人采取了相应保密措施：

（一）签订保密协议或者在合同中约定保密义务的；

（二）通过章程、培训、规章制度、书面告知等方式，对能够接触、获取商业秘密的员工、前员工、供应商、客户、来访者等提出保密要求的；

（三）对涉密的厂房、车间等生产经营场所限制来访者或者进行区分管理的；

（四）以标记、分类、隔离、加密、封存、限制能够接触或者获取的人员范围等方式，对商业秘密及其载体进行区分和管理的；

（五）对能够接触、获取商业秘密的计算机设备、电子设备、网络设备、存储设备、软件等，采取禁止或者限制使用、访问、存储、复制等措施的；

（六）要求离职员工登记、返还、清除、销毁其接触或者获取的商业秘密及其载体，继续承担保密义务的；

（七）采取其他合理保密措施的。

第七条　权利人请求保护的信息因不为公众所知悉而具有现实的或者潜在的商业价值的，人民法院经审查可以认定为反不正当竞争法第九条第四款所称的具有商业价值。

生产经营活动中形成的阶段性成果符合前款规定的，人民法院经审查可以认定该成果具有商业价值。

四、相关概念辨析

1. 商业秘密与国家秘密

《中华人民共和国保守国家秘密法》（以下简称《保守国家秘密法》）第

二条规定："国家秘密是关系国家安全和利益，依照法定程序确定，在一定时间内只限一定范围的人员知悉的事项。"第十三条规定："下列涉及国家安全和利益的事项，泄露后可能损害国家在政治、经济、国防、外交等领域的安全和利益的，应当确定为国家秘密：（一）国家事务重大决策中的秘密事项；（二）国防建设和武装力量活动中的秘密事项；（三）外交和外事活动中的秘密事项以及对外承担保密义务的秘密事项；（四）国民经济和社会发展中的秘密事项；（五）科学技术中的秘密事项；（六）维护国家安全活动和追查刑事犯罪中的秘密事项；（七）经国家保密行政管理部门确定的其他秘密事项。"第十五条规定："国家秘密及其密级的具体范围，由国家保密行政管理部门单独或者会同有关中央国家机关规定。"第十九条规定："机关、单位对所产生的国家秘密事项，应当按保密事项范围的规定确定密级，同时确定保密期限和知悉范围。"根据以上规定，一个信息如果要成为国家秘密，需要符合《保护国家秘密法》第二条规定的法定要件，然后再经有关机关按程序确定为国家秘密，也就是先定密再保密。而商业秘密一般是关系经营者经济利益的商业信息，只要这些信息满足《反不正当竞争法》规定的不为公众所知悉、具有商业价值并经权利人采取相应保密措施就可以成为商业秘密。商业秘密不需要事先的审核认定的程序，一般是发生侵权行为后，权利人来主张自己的某个商业信息属于商业秘密，法院再按照法定要件来认定该信息是否属于商业秘密。

构成国家秘密的信息包括关系国家安全和利益的科技信息，但除了科技信息以外还包括关系国家安全和利益的其他信息，范围比商业秘密信息更广泛。此外，侵犯商业秘密和侵犯国家秘密的法律责任也不同，侵犯商业秘密的法律责任一般是停止侵权、赔偿损失等民事责任，情节严重的可能要承担刑事责任。而侵犯国家秘密的法律责任则是依据《保守国家秘密法》追究其刑事责任。

虽然商业秘密与国家秘密不相同，但商业秘密和国家秘密的定义并没有相互排斥。一项信息可能同时构成商业秘密和国家秘密。例如，某单位拥有的一项技术，由于涉及国家安全或重大利益而被依法认定为国家秘密，那该项技术信息既属于商业秘密也属于国家秘密，该单位在保护自己的商业秘密的同时，负有按照《保守国家秘密法》保护国家秘密的职责。如果该技术信息被侵犯，该单位可以依据《保守国家秘密法》来制止侵权行为，还可以依据《反不正当竞争法》来获得侵权损害赔偿。

另外需要注意的是，作为国家秘密的技术方案，也可以依据《国防专利条例》申请获得国防专利权。国防专利不同于普通专利，其信息仍处于保密状态，仍然需要按照国家秘密进行管理。

2. 商业秘密与技术秘密

根据《反不正当竞争法》第九条的规定，商业秘密信息包括两种类型，一种是技术信息，二是经营信息，构成商业秘密的技术信息也称为技术秘密。因此，商业秘密包括技术秘密和经营秘密，技术秘密是商业秘密的一种类型。与技术有关的结构、原料、组分、配方、材料、样品、样式、植物新品种繁殖材料、工艺、方法或其步骤、算法、数据、计算机程序及其有关文档等信息，只要符合商业秘密构成要件的，属于技术秘密。与经营活动有关的创意、管理、销售、财务、计划、样本、招投标材料、客户信息、数据等信息，只要符合商业秘密构成要件的，属于经营秘密。

3. 商业秘密与处于保密状态的信息或数据

处于保密状态的信息或者数据，如果有商业价值且公共知识中查不到，则可以认为这种信息或者数据属于商业秘密。如果权利人对某些数据或者信息采取了保密措施，但这种信息不是权利人所独有的，该信息可以从公开知识或信息中查到，则此信息不属于商业秘密。

4. 技术秘密与专有技术

专有技术一般指只有权利人自己独有而其他人没有的技术信息，如果权利人对此类信息采取了保密措施，则应当认定此种专有技术属于商业秘密。但如果权利人没有对其专有的技术采取保密措施，则此信息就不属于技术秘密，因为不符合商业秘密定义中的"采取了相应的保密措施"这一要件。可见，权利人要想让其专有技术获得《反不正当竞争法》的保护，还需要根据商业秘密的规定采取保密措施。

5. 商业秘密与技术诀窍

技术诀窍一般指权利人独有的技术信息，这样的信息一般不为公众所

知悉，且具有商业价值，如果权利人对其采取了合理的保密措施，则该技术诀窍就属于商业秘密；如果权利人对其独有技术诀窍没有采取保密措施，则该信息就不属于商业秘密，原因也是不符合商业秘密定义中的"采取了相应的保密措施"这一要件。因此，权利人要就其拥有的技术诀窍获得保护，同样也要按照《反不正当竞争法》的要求采取相应的保密措施。

第四节　商业秘密的重要性

对于科技成果来讲，最常见的知识产权保护方式有两种，一是将科技成果申请专利，二是将科技成果作为商业秘密进行保护。而且专利和商业秘密可以很好地协同起来，为科技成果提供最大程度的保护，更为有效地构筑法律壁垒，将竞争者挡在"门外"。在某些技术领域，如化工、医药、生物、新材料、芯片等，商业秘密的数量远多于专利，而且也更为重要。因此，商业秘密是保护科技成果的重要知识产权类型之一，是创新者参与市场竞争的核心竞争力。创新者只有做好商业秘密保护才能行稳致远，在激烈的市场竞争中赢得竞争优势。

一、商业秘密是核心竞争力

核心竞争力是在科研单位内部经过整合了的知识和技术，使科研单位在某一特定领域成为领先者。核心竞争力包括技术、技能和知识，其本质是企业通过各种技术、技能和知识的整合而获得的集束力，这种集束力以一种要素为主导，其他要素协作，共同参与市场竞争的企业资源诸要素竞争力的能力。一般来讲，商业秘密的壁垒效应是大于专利的，能够保证创新者更长久地维持领先地位。

二、商业秘密是重要的无形资产

与其他类型的知识产权一样，商业秘密是企业重要的无形资产，可以为企业带来利益。由于商业秘密的壁垒效应，使得其承载着非常多的业内领军企业领先的产品、工艺方面的技术信息，以及对企业生存发展意义重大的经营信息等，是企业最重要的无形资产。

三、商业秘密是科研型企业长远发展的基础

研发是一种需要付出很多人力物力、失败风险很高的探索活动。正向研发不易，但抄袭模仿却相对简单。如果创造者不能用法律手段构筑壁垒，那么创新者不断研发、试错和摸索获得的成功经验，竞争对手可以轻易获得，而不必付出试错成本，创造者的竞争优势不仅会很快丧失，而且有可能很快被抄袭者超越。因此，创造者要想长远发展，必须学会用法律手段维护这种优势，避免被他人抄袭。商业秘密就是法律赋予创新者的武器，保证创新者独占该创新成果，阻止竞争对手的抄袭模仿。

第五节　专利和商业秘密协同策略

专利与商业秘密不同，请求专利保护的核心在于"以公开换保护"，即发明人通过"对发明创造的公开"换取"一定期限的排他实施权"，这样既有利于专利权人合法权益的保护，也有利于促进社会的整体发展和进步。因此，专利申请人要想申请专利，获得独占权利，首先要向国家知识产权局提交专利申请文件，包括请求书、权利要求书、说明书、说明书附图和摘要，以及除上述专利申请文件以外的各种请求、申报、意见陈述、补正书及各种证明、证据材料等其他文件。等到从申请之日起算满 18 个月，国家知识产权局会将该申请记载的内容向社会进行公布。

专利和商业秘密保护具有不同的目的、要件，同时，两者保护的权利对象、基本特征、权利保护期限、范围、权利维护的难度和成本均存在差异。选择专利保护必须将技术方案进行清楚、完整的公开，并以所属技术领域的技术人员能够实现作为标准；但是作为商业秘密，其核心价值在于保密性。商业秘密的核心技术点通常具有极高的商业价值和显著的技术效果，采用此种方式进行保护应确保核心技术方案无法通过反向工程等方式

加以获取和实现，或者通过反向工程获取具有非常高的难度、需投入极大的成本。因此，同一技术要实现有效保护，往往需要将专利保护与商业秘密保护予以结合。

商业秘密和专利都属于知识产权的范畴，并且从形式上看两者都保护技术方案，但是，两者也有十分显著的差异，可以说两者在法律上的某些属性是正好相反的，正因为如此，两者某些方面对权利人来讲是互补的。因此，最好的做法是将两者结合起来，充分发挥它的特点，产生一种协同保护的效果。

一、专利与商业秘密的区别

具体来看，专利和商业秘密具有如下不同特点。

（1）专利授权要求公开，而且要求公开到本领域技术人员能够重复再现该发明的程度。这是获得授权的一个非常重要的条件，但这点对权利人是不利的，会使竞争对手很清楚地知道其技术方案设计，省去了很多试错成本。相反，商业秘密要求必须是不为公众所知悉且采取了相应的保密措施。因此，涉密信息的公开可能破坏其作为商业秘密进行保护的条件。从这点上来讲，商业秘密对权利人更为有利。

（2）可以获得专利保护的客体仅限于完整的技术方案，如产品、工艺、方法等。不构成完整技术方案的实验数据、试验过程、某些工艺点的技术诀窍、销售计划、财务业绩、供应商和客户名单、商业计划和其他重要的公司信息均无法满足专利权保护客体的要求。但是，商业秘密保护的客体可以包括公司拥有的几乎任何信息。从这点来讲，很多涉密信息不得不选择商业秘密进行保护。这样就可以理解为什么任何公司都有商业秘密，不管是研发型的还是非研发型的公司。

（3）专利授权有严格的法定条件，应当具备新颖性、创造性和实用性。当然还有其他实体性授权条件，如保护范围要清晰、公开要充分等。上述要求均不适用于商业秘密。商业秘密不必具备那么严格的条件。虽然商业秘密也有"不为公众所知悉"的要求，但不同于新颖性要求。例如，客户信息的大部分内容是从公开渠道可以获得的，但是某公司经过长期积累，梳理了其客户的联系方式、具体对接人员的情况、交易习惯等，梳理后的这些信息是不能从公开渠道容易获得的，满足了"不为公众所知悉"的条件。另外，商业秘密也不必具备创造性，它可以是公知步骤的组合。商业秘密不必具备实用性，例如，那些实验失败的记录也可以作为商业秘密。《反不正当竞争法》对商业秘密的要求就是"不为公众所知悉、有商业价值、并采取了相应的保密措施"。

（4）专利须经主管机关授权后才能获得保护，在专利授权之前，专利审查员对诸如发明创造是否为可授予专利的主题，是否具备新颖性、创造性和实用性，以及是否符合其他法律规定的授权条件进行审查。但是，商业秘密不必经过授权程序，涉密信息产生后，只要满足不是公众普遍知悉的、采取相应的保密措施，对公司有商业价值，即可获得《反不正当竞争法》的保护。

（5）专利被授予一定的保护期限，目前发明专利保护期限是自申请之日起20年，实用新型专利保护期限为10年，外观设计专利保护期限为15年。商业秘密没有保护期限的限制，只要能一直维持其秘密性，商业秘密就能成功地无限期保护。专利期限届满之后，专利就会进入公共领域，任何人都可以使用该专利。商业秘密不会进入公共领域，可以被公司无限期地保护。这点也是商业秘密对权利人更为有利。

（6）维持成本。向国家知识产权局提交专利申请和进行专利审批时需要缴纳有关的申请费和维护费。如果想寻求世界范围内的保护，申请费等费用会随着在国外审查机构提交申请而大幅增加。专利授权后需要每年缴纳年费维持专利有效。而商业秘密则需要持续不断地采取必要保密措施保持信息的秘密性，没有其他的费用。

（7）权利的排他性。专利权具有明显的排他性，申请日以后的反向工程和独立开发都是被禁止的，在专利授权后都会被认定为侵权行为。也就是说，在专利的保护期内，任何针对该专利的反向工程和独立开发都要获得专利权人的许可。商业秘密不具备排他性，如果信息可以通过产品的检测和反向工程被破解，则产品本身就构成了公开，该信息可以由反向工程实施人使用而不属于侵权行为。另外，商业秘密在法律上是允许被独立开发或使用的。反过来，独立开发者可以自己选择将其作为商业秘密保留或者将其公开。这点上来讲，商业秘密的保护力度要小于专利权。表 1-1 中归纳了最主要的区别。

表 1-1　专利和商业秘密的区别

	专利	商业秘密
范围	发明	任何信息
要求	新颖性、实用性和创造性	竞争优势来自保密性，为了保持保密性而采取一定保密措施
审查	政府专利审查员	无
公开	在申请文件中	永不
期限	有固定期限	无期限
进入公共领域	期满时	永不
费用	申请费和维护费	保持秘密性的费用
反向工程	禁止	允许
独立开发	禁止	允许

二、如何选择专利或商业秘密

表 1-1 中的这些区别强调了商业秘密的属性和其对企业的重要性。企业产生的大多数信息都没有资格获得专利保护，但通常这些信息却有资格获得商业秘密保护。专利在申请过程中必须向公众公开，并且在保护期限届满之日起进入公共领域，但是一项商业秘密能够永远保持秘密性。另外，由于专利相关费用较高，许多企业的核心商密因费用限制而不可能在全世界范围内获得专利的保护。同时，如果某些信息通过产品能够被他人破解或进行反向工程，这样的信息就不适合作为商业秘密。更进一步说，如果信息有可能通过独立研究出来，将该信息作为商业秘密是比较困难的。

从以上的对比分析，很容易得出企业如何在专利和商业秘密之间进行选择。当一项涉密信息面临保护方式的选择，企业只需将表 1-1 中前面七项内容分别列出，分别进行比对，如果有不符合专利授权条件的情形，那别无选择只能选择作为商业秘密进行保护。如果两者条件都符合，则看看表 1-1 中前七项中哪个特点会给企业带来最大的利益，哪项特点将对企业带来最大的不利，权衡后就可以确定到底如何选择。

综合上述分析，如果信息符合以下情形，则适合通过商业秘密进行保护：① 不属于可申请专利的主题；② 不具备新颖性、实用性和创造性；③ 不要求被公开；④ 需保护的期限超过 20 年。

而如果一项技术信息根据产品进行反向工程是可能的，或者独立开发是可行的，则适合通过专利的形式进行保护，具体分析如下。

1. 反向工程的难易程度

反向工程是指通过对产品进行解剖和分析，从而得出其构造、成分及制造方法或工艺。反向工程获得的技术是合法的。对于企业的科研成果，如果其他企业不可能通过反向工程或者很难通过反向工程而获得该技术，那么，企业宜选择商业秘密进行保护；对于容易被其他企业反向工程获得技术的科研成果，企业宜选择专利进行保护。

2. 科研成果价值的期限长短

现代科技发展迅速，有时不到半年时间，技术就已被淘汰，因此企业应评估自己企业的科研成果价值的期限。如果该科研成果的期限不超过专利法保护的期限，那么企业可以选择专利进行保护。如果企业的科研成果如配方，会长期源源不断地为企业带来经济利益，那么企业可以选择商业秘密进行保护，因为商业秘密保护不受期限限制。例如，美国人彭伯顿 1886 年 5 月发明了可口可乐饮料配方，距今已一百多年，一直没有申请专利。但这项配方采用技术秘密进行保护获得的经济利益，比申请专利进行保护获得的经济利益不知要大多少倍。

3. 能够获得专利的可能性高低

我国专利法对授予专利规定了严格的三要件，即新颖性、创造性和实用性。企业通常会有一些技术改进或革新等，但又不具备专利的条件。如果企业将这些改进或革新申请专利，可能不会被授予专利，那么该技术改进或革新将变成公知技术，任何企业均可任意使用。我国近几年专利申请获得批准的专利约为 25%，也就是说国家现受理的专利申请大部分并未授予专利权，因此，企业应事先分析该科研成果被授予专利的可能性，对于被授予专利可能性高的科研成果，可以选择专利进行保护，对于被授予专利可能性低的科研成果，宜采用商业秘密进行保护。

4. 经济价值大小程度

由于专利保护需要企业向专利部门支付一定的费用，因此从企业利益考虑，对于经济价值低的科研成果不必选择专利保护而应选择商业秘密保护；而对那些经济价值高且市场需求量大的产品或技术应申请专利保护。

企业对于自身的科研成果，应在综合考虑上述四个因素后，选择最合适的科研成果法律保护方法。绝大多数企业在取得科研成果后，都会毫不犹豫地将该项科研成果申请专利保护，似乎科研成果一旦获得专利权，就大功告成了。其实，这是对专利保护方式的片面理解，专利保护也是有缺陷的。

第二章

学会及科研机构科技工作中的
商业秘密风险分析

第一节　概　　述

对于全国学会及相关科研单位来说，所面临的商业秘密风险主要来自以下五个方面：一是外部威胁，如竞争对手窃取，商业间谍入侵；二是内部威胁，如人员流动过程中的泄密；三是来自合作伙伴，如产学研合作过程中合作伙伴或其员工违反约定或者疏忽大意导致的泄密；四是来自对外交流活动，如技术会议交流、发表论文、项目宣传；五是申请专利，导致过度披露而泄露技术秘密。

根据商业秘密案例检索情况，商业秘密侵权的危险源排序分别为：前雇员、外部竞争对手、现雇员、商务合作伙伴、受托设计方、受托加工方、商业间谍等。从已公开的判例来看，商业秘密纠纷主要发生在企业与离职员工之间，或者是员工跳槽，或者是竞争对手"挖墙脚"。只有不到20%的纠纷是发生在商务合作过程中，或者是因为商业间谍引发的纠纷。案例表明，前雇员、现雇员、合作方是主要的潜在侵权者。不过需要注意的是，商业间谍引发的纠纷少，并不能证明这样的泄密事件就一定少。因为很多商业间谍采用黑客手段入侵企业的信息系统而不被发现，这样当然不会引发纠纷。之所以很多纠纷发生在企业与员工或者商务合作伙伴之间，因为出于工作需要，对方必须获悉企业商业秘密，如果对方违约泄露或者使用，

会很容易被发现。

如果商业秘密被用于企业日常运营中，企业不能将商业秘密与雇员和合作方相隔离。商业秘密信息的使用需要企业必须将其公开给雇员和合作方。有统计数据显示，企业与员工之间的商业秘密纠纷占据了80%以上的比例，很多竞争对手的侵权行为，绝大部分也是通过员工这条途径实现的。因此，来自企业内部的威胁远远大于来自企业外部的威胁。

了解了潜在的风险，就知道如何进行科研活动商业秘密合规管理、合理地设计企业的保护体系和保密策略，使企业的管理制度和保密措施覆盖到所有的风险点。商业秘密保护体系的构建，某种程度上是符合所谓的"木桶理论"的，如果某一方面存在短板，整个系统都将失效。

第二节　人员流动导致的商业秘密风险

一、人员离职导致的商业秘密泄露风险

首先，人员离职存在多种原因，除了企业关注的被竞争对手"挖墙脚"这种典型风险事件外，在人员正常流动中也有可能存在因离职导致的商业秘密泄露风险。针对那些高新技术企业的离职员工，由于顶尖技术领域的圈子较小，如果在本领域内更换工作单位，很可能会到前雇主的竞争对手处，若技术人员不具有商业秘密保护的意识，很容易将掌握的前雇主的商业秘密用于新工作。

其次，员工的保密意识不足、法律意识淡薄，没有意识到商业秘密侵权行为。在已经发生的因员工跳槽引发的商业秘密纠纷中，不少离职员工直接宣称具有和前单位一样的技术，甚至将前单位的技术申请为专利。这种明显侵权的事件反复发生，也说明了部分员工并不具有商业秘密的相关法律知识，认为自己掌握、知悉的技能和成果属于自己，可以任意处分和使用，并没有意识到这些成果很可能属于企业的职务科技成果，是企业的商业秘密。

最后，商业秘密侵权案件取证难、胜诉难，导致部分离职员工存在侥幸心理。商业秘密侵权具有隐蔽性，收集侵权证据具有一定的困难，如果对应商业秘密没有具象的呈现载体，如侵权产品，那么权利人在举证过程中将面临一系列困难。这也导致某些员工存在侥幸心理，认为即使将原企业的商业秘密泄露或使用，也不会被发现或者被原企业掌握证据。

以案说法 ◀◀◀◀

保密措施的认定

A 研究所的一个研发团队研究了一种新型设备，具有很好的市场前景。研发项目通过验收后，项目组的一位核心研究人员被 B 企业挖走。B 企业很快生产出该设备，导致该 A 研究所的该项目成果无法向外转让。三方引发了诉讼，但 A 研究所没有和该项目组的研发人员签署保密协议，也没有内部的保密管理制度，最后被认定为没有采取相应的保密措施，从而未被认定为商业秘密信息。

二、人员招聘引发的商业秘密侵权风险

科研单位还需要通过商业秘密合规管理来防范商业秘密侵权风险，以确保科技国际合作及人才引进能够顺利进行。商业秘密保护问题一直是中美贸易争端的焦点问题，美方一直指责中方企业或者个人窃取其商业秘密，以转移国内矛盾，为美国科技创新逐渐被中国企业追赶甚至超越寻找借口。很多中美科技合作项目受到美方无端指责和调查，不少合作项目的华裔科学家受到美方不公正待遇。《中华人民共和国和美利坚合众国经济贸易协议》即《中美第一阶段经贸协议》第一章第二节就是关于商业秘密保护问题。2023年1月5日，美国总统拜登又签署了《2022年保护美国知识产权法案》（*the Protecting American Intellectual Property Act of 2022*），该法案授权美国行政机关可以不经法院审理，而直接对参与窃取美国商业秘密的某些外国个人和实体实施制裁。该法案要求美国总统每六个月向美国国会提交一份窃取重大美国商业秘密的外国个人和实体名单，还要列明该实体的首席执行官或董事会

23

成员中的外国人。国内外媒体解读，美国的这些动作主要针对中美之间的科技合作。一直以来我国创新主体和美国企业或者研究机构的研发合作很多，也有很多高校和科研院所与美国的科研人才有各种方式的合作，我国也引进了很多有美国工作经历的创新人才。这样的形势下，可以预见我国创新主体和美国主体合作将面临更多挑战，我国从美国引进科技人才将面临更高的商业秘密纠纷或摩擦的风险。中方的科研机构需要了解商业秘密保护的基本规则，做好合规管理，避免商业秘密纠纷的法律风险。

以案说法 ◀◀◀

苏州市吴中区市场监管局查处苏州某科技有限公司侵犯商业秘密案

2019 年 6 月，苏州市吴中区市场监管局根据苏州某电子公司（权利人）的举报对苏州某科技有限公司（当事人）开展调查。经查，当事人明知权利人前员工杨某与权利人签订了员工竞业限制协议和员工保密协议、负有保密义务，仍然聘用并安排杨某从事同类产品的研发工作，致使杨某将权利人同类产品的商业秘密使用在当事人公司的产品中。截至案发，当事人上述产品处于样机生产阶段，未投放市场销售，无营业收入和违法所得。

当事人的行为违反了《反不正当竞争法》第九条第三款的规定，构成侵犯他人商业秘密的行为。依据《反不正当竞争法》第二十一条的规定，吴中区市场监管局依法对当事人作出责令停止违法行为、处罚款 25 万元的行政处罚。针对杨某的违法行为，另案处理。

三、兼职、双聘人员引发的商业秘密风险

录用兼职与双聘人员是科研单位开展科研活动的常见情形。在这种情况下难免产生员工同时在两个单位从事类似的工作，如果该工作涉及商业秘密的应用与产出，则会产生相应的风险。存在员工脑子里的知识并不一定都属于员工，有可能是属于其所在单位的商业秘密。

聘用的兼职员工如果在兼职过程中向本单位泄露了其兼职机构的商业秘密，那么本单位有被认定为与兼职员工共同侵犯兼职单位商业秘密的风

险，可能对造成的损失承担连带赔偿责任。为此，用人单位在招聘兼职人员时，应当做好背景调查，并通过协议约定清楚双方的权利义务及兼职人员应当履行的保密义务，以及违反保密义务应当承担的违约责任。除此之外，还要通过商业秘密保护培训等加强兼职人员的保密意识。

双聘人员，一般是与两个单位同时签署了劳动合同，建立了劳动关系，因此在双聘人员发生的商业秘密侵权纠纷案件中，很难区分使用的科技成果的来源。鉴于该人员确实在两个单位均有实际参与工作，并且参与了技术秘密方案的产生，与其在发生纠纷时再去界定权属，不如在人员招聘环节就将可能的风险约定清楚。特别是对于双聘人员，由于其岗位多是重要研究岗位，产生的科技成果价值较高，更应当在每个环节做好管理。例如，在人员招聘前，对于双聘岗位要做更加详细的背景调查，了解该人员所参与的具体项目及所产生的科技成果，并签署协议明确以上成果的使用模式。如果涉及该双聘人员的其他工作单位时，还应当与该单位签署协议，不能只和该人员本人签署协议。对于双聘人员参与的项目和产生的科技成果，若与其他工作单位的研究内容有可能发生重合，则也需要签署协议进行约定，或者请该人员所在另一单位签署不享有知识产权的声明。最后，在研发管理中，对于双聘人员参与的项目应当单独管理，防止与其他项目混同管理，留存项目研发过程资料并落实重要节点文件的参与人与负责人，并通过签字或者科研管理系统保存相应的证据。

以案说法 ◀◀◀◀

使用客户信息构成商业秘密侵权[1]

上诉人宜昌中威清洗机有限公司（以下简称"中威公司"）、刘某钟与被上诉人宜昌英汉超声电气有限公司（以下简称"英汉公司"）侵犯商业秘密纠纷一案，刘某钟在英汉公司任职，后与其父成立中威公司，在中威公

---

[1] 湖北省高级人民法院（2009）鄂民三终字第36号。

司兼职。法院认定济南重汽公司作为英汉公司的客户经营信息属于英汉公司的商业秘密，刘某钟与中威公司利用不正当手段，披露、使用了该客户经营信息，侵犯了英汉公司的商业秘密。给英汉公司造成了经济损失，应共同承担停止侵权并赔偿损失的民事责任。

法条索引 ◀◀◀◀

《最高人民法院关于审理侵犯商业秘密民事案件适用法律若干问题的规定》（节选）

第十一条　法人、非法人组织的经营、管理人员以及具有劳动关系的其他人员，人民法院可以认定为反不正当竞争法第九条第三款所称的员工、前员工。

第十二条　人民法院认定员工、前员工是否有渠道或者机会获取权利人的商业秘密，可以考虑与其有关的下列因素：

（一）职务、职责、权限；

（二）承担的本职工作或者单位分配的任务；

（三）参与和商业秘密有关的生产经营活动的具体情形；

（四）是否保管、使用、存储、复制、控制或者以其他方式接触、获取商业秘密及其载体；

（五）需要考虑的其他因素。

以案说法 ◀◀◀◀

使用公司技术秘密服务其他主体构成侵权

甲公司员工李某，利用业余时间为竞争对手乙公司设计图纸，使用了甲公司技术资料。后甲公司将乙公司和李某起诉至法院，法院判定李某和乙公司构成共同侵权，侵犯了甲公司商业秘密。

第三节　内部管理中的商业秘密风险

一、未建立商业秘密管理制度或存在漏洞

现行法律法规要求的企业商业秘密合规体系并非一份保密协议或设定保密条款那么简单，而是根据法律法规发展、司法实践导向及企业自身特点，量身定制的一套系统化合规体系。由于中国科研院所普遍对知识产权保护特别是商业秘密保护的意识不够深入，未制定相应的商业秘密管理制度或者制度规定及协议约定存在漏洞，导致商业秘密维权具有非常高的难度。常见的制度和协议漏洞包括以下内容。

1. 商业秘密管理制度中缺少特定保密环节的规定

商业秘密管理制度是商业秘密管理体系的基础，企业制定完善明确的商业秘密管理制度，使商业秘密工作有章可循。因此，在商业秘密管理中，企业应针对涉密信息、涉密人员、涉密活动等制定商业秘密制度，建立档案管理、岗位商业秘密协议、涉密会议管理、涉密培训管理等制度体系，使商业秘密保护制度化。

（1）设立商业秘密管理委员会。商业秘密管理委员会通常由企业核心高层如总裁、副总裁、经理等成员组成，商业秘密管理委员会下设秘书处，秘书处通常可以由知识产权部或者专门的商业秘密管理部门担任，负责企业日常的商业秘密管理工作，如拟定各种商业秘密管理制度、制订商业秘密培训计划等。

（2）制定统一归档制度。企业内所有的商业秘密在产生、认定后必须及时移交档案部门统一管理，任何部门和个人不得擅自保存。

（3）借阅审批制度。任何部门和人员因工作需要借阅统一管理的商业秘密文件的，必须按照管理权限履行审批程序，任何秘密文件的接触必须进行登记。

（4）制定会议管理制度。会议管理分为内部会议管理、外部会议管理。

对于密级较高的会议，应采取商业秘密保护措施：控制会议场所，采取保密措施；根据岗位密级确定参会人员，并记录在册；采用特定的会议设备；会议达成的最后决议由全体参会人员签字确认；将会议决议送交保密部门进行保密管理。

（5）制定培训管理制度。根据人员的岗位密级进行培训规划，所有的参训人员均应签署保密声明，对培训课件和资料也需采取保密措施。

（6）制定访客管理制度。建立访客管理制度，规定访客的类型，针对不同类型的访客采取不同的接待方式和不同的要求，划定不同的访区范围，赋予不同的访问权限。如果是长期访客必须进行保密培训，临时访客要有受访部门人员全程陪同，不允许拍照、录音、录像等。

（7）制定员工管理制度。企业商业秘密管理的效果跟企业内部员工管理制度密不可分，企业内部员工既包括在职员工也包括离职员工。

（8）制定对外合作管理制度。对外合作的类型主要有委托加工、委托开发、合作开发等。在与合作方讨论、签订、执行合议过程中，合作方也会接触到公司的商业秘密。应当通过制定管理制度对以上场景中的商业秘密披露进行合规管理。

2. 以保护国家秘密的思路保护商业秘密

企业往往将国家秘密与商业秘密混为一谈，或者以国家秘密的管理方式去管理商业秘密，甚至在制度和协议中规定了明确的解密期限，这非常不利于权利人对商业秘密的保护。

国家秘密与商业秘密之间是有巨大差异的。根据国家秘密管理的方法，针对产生的每一项信息都需要走一遍定密和分级的审批流程。这种管理模式不太适合商业秘密的特点，效率会比较低。由于商业秘密判断标准比较复杂，还有可能漏掉一些涉密信息。按照《中华人民共和国政府信息公开条例》的要求，对于国家秘密而言，公开属于原则，保密属于例外。因此国家秘密需要逐项去确定哪些应当属于保密信息，保密期限是多长时间。而对于商业秘密而言，保密是原则，公开是例外。因此，可以尽可能多地将有商业价值的信息划为商业秘密对待，在涉密信息被依法公开之前，都应当被保密，不宜设定保密期限。此外，商业秘密虽然有法定的三要件，但实践中不必要求权利人按照三要件一一去鉴别，实际上权利人的判断也不可能是与司法机关的判断是完全一致的。因此，为了提高效率，应当尽可能地将所有可能涉密的信息认定为商业秘密，也不必限定保密期限，建议按照信息产生的岗位和内容确定涉密信息的分级，而不是逐项去审批确定。

制定公司相对统一的技术分类标准和密点盘点标准，各部门对存量技术资料进行系统的商业秘密梳理和标引，将商业秘密信息进行规范化管理，使盘点过的涉密信息能在纠纷中更容易被司法机关认定为商业秘密，同时也可以提高技术信息的检索和利用效率。

针对经营信息，需要明确公司的经营信息范围及分级标准，对经营信息的涉及人员进行分段管理，尽量避免所述涉及人员通过工作便利容易地了解公司其他经营信息。根据经营秘密使用者的业务需求，确定针对经营秘密的保密措施及分级管理办法。

二、未保存技术秘密正向研发记录

在科研机构遭遇商业秘密侵权纠纷时，无论是作为权利人还是被控侵权方，均需要对技术秘密的研发过程进行举证。

从权利人角度来说，要证明技术秘密的具体内容，其承载载体一般为技术文件，如研发项目报告、实验报告、工艺规程、操作手册等。这些研发项目资料应当具有唯一性、不可篡改性。一般通过签字纸质件或者有日志记录功能的研发管理系统来体现，单独的可编辑的电子文档并不能起到证明效果。从被控侵权方角度来说，要想证明某项技术属于自主研发，并非侵犯他人商业秘密，甚至自己研发出该技术的时间早于涉案商业秘密，同样需要完整的、不可篡改的全套技术资料。另外，由于科研人员的研发流程的特点，若不对技术秘密的正向研发记录进行特殊的规定、设定研发管理规范和文件留存规则，很可能在该科研人员离职之后无法找回其负责项目的相关技术资料。

至少在项目验收阶段，应当由项目负责人统筹各部门汇总项目验收资料，并按照验收要求的文件清单汇整材料，撰写《结项报告》，并向科研机构技术主管部门（如技术委员会）进行结项汇报。结项报告应当包括以下文件：《项目执行情况进度》及其说明；验收文件清单；项目归档文件，包括《可行性分析报告》《项目立项报告》、实验记录、重要节点会议纪要、《结项报告》、科技成果的名称和内容等，上述文件要足够详细，确保能够重复再现研发成果；科技成果产出及其说明等。

研发项目组还应当执行周报制度或者月报制度，定期通过邮件或者信息系统等可以留痕的渠道将研发工作进展情况向项目负责人进行汇报。相关总结汇报资料应当签字留存，项目验收前应将成员的工作汇报内容与其他研发资料一起打包归档，作为原始研发资料留存。为解决研发过程中的技术问题召开的技术会议，也应当由会议组织者制作会议纪要，记录参与人员、会议日期、所讨论的问题及解决方案等基本信息，会议纪要在项目验收后由负责人作为项目文件归档。

三、未采取基本的防泄密措施

知识产权是企业的财富，是获取竞争优势的重要方式，对于知识产权特别是商业秘密，权利人的保护意识和保护措施尤为重要。基本的防泄密措施一般指加密软件、USB 接口管控、文件外发途径管控等信息化手段。如果完全不采用信息化手段对工作计算机进行管控，保密协议和保密制度更多只能起到后期追责的作用，并且在这种情况下，权利人很难进行证据的收集，难以证明员工违反了保密规定从公司的计算机中违规下载并带走了商业秘密信息或资料。

以案说法 ◄◄◄◄

私自传输商业秘密至私人电脑属于不正当获取商业秘密

2023 年 3 月，常州市金坛区市场监管局根据常州市公安局金坛分局转来线索对崔某某（当事人）涉嫌侵犯商业秘密的行为开展调查。经查，当事人于 2022 年 6 月从金坛某科技公司（权利人）离职前，以不正当手段获取权利人的技术信息等商业秘密，并通过微信传输至本人手机及私人笔记本电脑中保存。经鉴定，上述涉案新能源车动力电池商业秘密的市场价值评估为 523.33 万元。

以案说法 ◄◄◄◄

不正当获取或披露商业秘密构成侵权

经查，当事人利用在权利人深圳市某耀装饰材料有限公司任职的工作机会，未经权利人许可，通过 U 盘复制、QQ 和微信聊天软件传送等不正当手段，获取了权利人的客户信息、商品报价等商业秘密，并违反权利人有关保守商业秘密的要求，披露给深圳市某联鑫科技有限公司使用其所掌握的上述商业秘密，让该公司以更低的报价争抢客户，扰乱市场竞争秩序。

第四节　对外交流合作中的商业秘密风险

31

一、产学研合作中的商业秘密风险

签订协议的主体应当符合要求。根据调研，目前很多科研人员会在企业中承担技术研发或者咨询工作，但是企业只与项目负责人（一般为大学教授）个人签署协议。此种处理方式极易发生商业秘密风险事件。大学教授同时也是学校的员工，如果就其工作相关的研发内容参与企业项目，应当获得学校的授权，而学校才是与企业签署协议的适格主体。这是由于一旦大学教授相关科技成果被认定为职务科技成果，即使教授个人与企业签有协议约定知识产权归属，但由于教授个人并不具有职务科技成果的处分权，协议关于权属的约定也是无效的。除了相关科技成果的权属发生不确定的风险外，企业很可能因为利用了大学的技术秘密而构成侵犯商业秘密。

在产学研合作中，首先应当通过协议明确背景知识产权，即双方各自提供了哪些背景技术，分别属于谁，在项目中如何使用等；其次要明确本项目产生的知识产权的权属和利益分配规则；最后还要明确违约责任或违约责任的承担方式。

在签署好协议后，项目开展中要注意项目资料的管理，特别是过程资料的留存。在商业秘密纠纷中，权利人需要有证据证明相关技术秘密的开发过程，而完整的研发资料就是证明权属的重要证据之一。

以案说法 ◀◀◀◀

商业秘密（包括商业洽谈）中获取对方保密信息❶

2010 年鲁西化工为了评估申请低压羰基合成技术，曾与戴某、陶氏进行接触，并应戴某、陶氏要求与其签署《低压羰基合成技术不使用和保密协议》一份。此后，鲁西化工与戴某、陶氏进行了商业洽谈。但经最终评估，鲁西化工采购了戴某、陶氏竞争对手的技术，未与其达成合作，由此产生了纠纷。戴某、陶氏认为鲁西化工使用了商业洽谈中知悉的信息，向斯德哥尔摩商会提出了包括经济赔偿在内的仲裁申请。

2017 年 11 月斯德哥尔摩商会仲裁机构作出仲裁裁决：宣布鲁西化工使用了受保护信息设计、建设、运营其丁辛醇工厂，违反了并正继续违反《保密协议》。鲁西化工应当赔偿各项费用合计人民币约为 7.49 亿元。

二、国际科技交流合作中的商业秘密风险

商业秘密保护问题一直是中美贸易争端的焦点问题，美方一直指责中方企业或者个人窃取其商业秘密，以转移国内矛盾，为美国科技创新逐渐被中国企业追赶甚至超越寻找借口。美国于 2018 年 11 月宣布启动"中国行动计划"，针对"受中国政府支持的科研人员"展开调查，旨在发现对美国经济、技术、商业秘密的窃取行为。虽然在 2022 年 2 月 23 日美国司法部宣布暂停此计划，但只是"暂停"，美国丝毫没有放弃相关动作，也没有停止渲染中国威胁。

在这种国际背景下，很多中美科技合作项目受到美方无端指责和调查，

---

❶ 瑞典斯德哥尔摩商会仲裁裁决 161/204 号。

不少合作项目的华裔科学家受到美方不公正待遇。2021 年 1 月 14 日清晨，美国国家工程院院士、麻省理工学院（MIT）华裔教授陈刚在位于马萨诸塞州剑桥市的家中被捕，原因是未能向美国能源部披露其在中国的工作（南方科技大学）和获得的奖励；2021 年 12 月，美国哈佛大学化学教授查尔斯·利伯因其与武汉理工大学的合作项目被指控虚假陈述和报税不实，最终被判有罪；2022 年 6 月，美国阿肯色大学的电气工程系教授洪思忠因与西安电子科技大学的合作项目被判有罪，判处一年监禁。❶

为了保护科技工作者和国内创新主体的合法权益，保护自身商业秘密的同时避免陷入知识产权纠纷，创新主体在开展国际科技交流合作时应当注意风险防范，否则将导致严重后果。例如，造成研发成果的流失，丧失市场竞争力，影响我国创新水平；影响科技工作者的权益，导致科技工作者个人遭遇诉讼甚至被追究刑事责任；特别是在科技脱钩、科技冷战的大环境下，商业秘密保护经常成为阻碍科技交流的借口，如果处理不好商业秘密保护问题，将直接影响中国创新主体形象甚至国家形象。

三、委托外加工中的商业秘密风险

在委托供应商进行加工的过程中，不免要提供图纸、技术参数等商业秘密信息给供应商，在这种情况下，商业秘密信息一旦给出，很难再受到权利人相关保密措施的管控。因此在委托外加工场景下的技术秘密泄密也是常见的商业秘密泄密风险。

以案说法 ◀◀◀◀

解除合同后继续使用商业秘密构成侵权

2020 年 5 月，南京市雨花台区市场监管局接南京某热能科技公司（权利人）举报，要求查处南京某电子设备公司（当事人）侵犯其商业秘密的

---

❶《调查·华裔教授陈刚案背后：美国"中国行动计划" 实为"罪名化中国"》https://baijiahao.baidu.com/s?id=1696183091591910528&wfr=spider&for=pc.

违法行为。经查，权利人是一家以技术研发为主的企业。2019 年初，权利人与上海某公司签订了车载通信用机箱供货合同，并约定产品技术归权利人所有，但上海某公司对技术使用有限制权。同年 8 月，权利人与当事人签订具有保密条款的加工协议后，提供机密图纸给当事人生产车载通信用机箱，产品经权利人验收后供给上海某公司。2020 年，上海某公司与权利人解除供货合同，与南京某装备公司签订车载通信用机箱供货合同，而该装备公司继续委托当事人生产上述产品。调查中，当事人辩称生产产品使用的技术系该装备公司提供。该装备公司也向执法机关提供了生产图纸。但经鉴定，当事人为该装备公司生产产品所使用的相关技术信息与权利人主张的秘点信息具有"同一性"，而与该装备公司所提供的技术信息不具有一致性。当事人在未经许可的情况下继续使用权利人的保密技术生产车载通信用机箱供给上海某公司。

当事人的行为违反了《反不正当竞争法》第九条第一款第（三）项的规定，构成侵犯他人商业秘密的行为。依据《反不正当竞争法》第二十一条的规定，南京市雨花台区市场监管局依法对当事人做出责令停止违法行为，处罚款 50 万元的行政处罚。

四、科技成果转化中商业秘密的风险

单独对某项商业秘密进行交易的情况较少，一般是在对某项技术进行转让、许可或者作价入股时，其中会包含专利及技术秘密。

对于单独的技术秘密是否可以进行转让、许可、作价入股等交易呢？商业秘密作为知识产权的一种类型的角度来说是可以参与转化的，但是单独转化商业秘密的情形较少，一般是与专利技术一并交易。

因此，在起草相关技术协议时，除了明确专利权这种有明确权利外观的权利外，也要将技术秘密的权属、转化、利益分配事宜一并进行约定。如果协议中没有相关内容，则很容易在事后发生纠纷。

第五节　全国学会管理工作中的商业秘密风险

一、全国学会加强商业秘密管理的意义

中国科学技术协会及其全国学会是全国科学技术工作者的群众组织，是党和政府联系科学技术工作者的桥梁和纽带，是国家推动科学技术事业发展的重要力量。习近平总书记在两院院士大会暨科协第十次全国代表大会的讲话中指出："中国科协要肩负起党和政府联系科技工作者桥梁和纽带的职责，坚持为科技工作者服务、为创新驱动发展服务、为提高全民科学素质服务、为党和政府科学决策服务，更广泛地把广大科技工作者团结在党的周围，弘扬科学家精神，涵养优良学风。要坚持面向世界、面向未来，增进对国际科技界的开放、信任、合作，为全面建设社会主义现代化国家、推动构建人类命运共同体作出更大贡献。"全国学会及其会员是我国科技创新的高地，也是科技成果的"创新源泉"，保护好全国学会及其会员的商业秘密，才能真正转化为我国的科技竞争力。

全国学会开展商业秘密保护具有必要性。首先，中国科学技术协会及其全国学会能够发挥在专家渠道、人才资源、技术平台、国际网络等方面的独特优势，围绕知识产权保护，把知识产权作为服务科创中心建设、服务科技工作者的重要抓手，努力促进科技工作者的专业发展、维护科技工作者的合法权益。中国科学技术协会所属的 210 家全国学会汇集了大量优秀的研究成果，其中大量研究成果均以技术秘密的形式存在。为保护科研成果及科技工作者的合法权益，加强科技成果的保护，充分发挥研究成果的社会效益，也需要各个全国学会掌握商业秘密保护的相关知识。其次，全国学会作为社会团体，本身就存在大量商业秘密需要保护，这不仅仅是学会自身管理的要求，也是服务会员的职责所在。最后，全国学会作为为科技工作者服务、为创新驱动发展服务的主体，其对于商业秘密保护的理念与方法可直接灌输给会员单位，从而服务于更多的创新主体。

35

二、技术标准制定中的商业秘密管理

（1）技术标准制定中的商业秘密问题。

科技学会大多负有国标、行标、团标的制定职能；纳入标准的技术方案在标准公开征求意见时就构成了现有技术；专利审查员的检索数据库中包括技术标准；对于准备申请专利的技术，纳入标准将导致专利申请丧失新颖性。

（2）技术标准制定中商业秘密的合规管理。

技术标准制定过程中按照《国家标准涉及专利的管理办法（暂行）》披露相关专利或未来的专利；明确技术标准公开征求意见的时间点；提醒技术所有人及时申请专利。

（3）技术标准制定中商业秘密与专利的协调。

技术标准中的技术方案如果是受专利保护的，则应当按照《国家标准涉及专利的管理规定（暂行）》处理。首先，需要专利权人向标准制定组织声明自己的专利信息，以便标准制定组织考虑是否有必要将受专利保护的技术纳入标准中。其次，如果标准制定组织认为有必要将受专利保护的技术纳入标准，则应当要求专利权人作出公平、合理、无歧视的许可声明，承诺将来会准许这一原则向标准使用者发放专利实施许可。这样才能保证将来标准的顺利实施。

对于经过研判后认定需要公开的技术，在公开团体标准前申请专利进行保护。对于非常核心的科技成果，可以选择不加入团体标准中，以商业秘密的形式保护。一般来说，不适宜公开的情形包括科技成果太过超前、距离上市销售还有比较长时间，或者即使申请了专利也很难做到侵权取证的技术；适合申请专利的情形包括法律法规要求一项产品的成分或者原理必须公开或者容易对侵权行为取证、容易被反向工程的技术。另外，对于技术所有者来说，最好通过先行申请专利保护技术。

在制定标准前，科研机构应当着重关注商业秘密与专利相协调的问题，对于是否申请专利，要考虑以下因素。

（1）能否以商业秘密进行保护。

在谈到企业利用商业秘密保护核心资产的例子时，可口可乐科研单位对其配方的极度保密总会被专家、学者提及。正如可口可乐科研单位的名言：“保住了秘密就保住了市场”，可口可乐作为老牌饮料巨头一直以其独特风味与口感占据着可乐行业的半壁江山。但是，并不是所有的配方都可以作为商业秘密进行保护。为保证消费者在餐饮服务单位就餐的饮食安全、知情权及选择权，部分地区食品安全监督管理部门出台了以下规定：“餐饮服务单位不得以‘秘方’‘商业秘密’为由，抵制备案和公示。如自制火锅底料、自制饮料、自制调味料所使用的食品添加剂名称涉及‘商业秘密’，应申请专利，保护自主知识产权。凡未及时备案或未及时公示而使用食品添加剂的餐饮单位，将责令其进行整改；拒不整改、情节严重者按餐饮服务单位添加非食用物质论处，依法进行处罚。”上述规定实质上是在公共利益与知识产权人独占权之间的一种平衡。由此，企业在考虑商业秘密与专利的选择时，应当提前调研当地监管部门是否针对此客体存在特殊的监管规定。通常来说，违反公序良俗的信息本身就不能作为商业秘密进行保护，对于本身不违反公序良俗的信息，国家公权力仍然有权以保护公共利益为由对其商业秘密权利进行一定的管理。

（2）考虑司法途径的救济成本。

因为商业秘密与专利保护方法存在不同的特点，企业可以根据不同技术特征的状态进行分层和剥离，这样即使一个科研单位将其某项发明中的某个方案作为专利保护，其他技术方案或技术手段仍然可以以商业秘密的形式存在。在最高人民法院的案例中[1]，某科技公司是生产链条套筒的厂商，它将“卷制链条套筒系列模具及勒圆模的上钉座，磷化程序加温箱等加工工艺”以商业秘密的形式向绩溪县保密局申报备案，同时将其中用于冲压设备的连续模具于 1999 年 5 月 31 日向国家专利局申请实用新型专利。两者并不冲突。

制定标准时既要考虑市场竞争，又要考虑研发主体投入。因此应当个案判断是否有必要在团体标准中纳入专利，集思广益，专家论证，做到程序正当。申请国家标准时涉及专利技术的，属于标准必要专利，在先专利

---

[1] 最高人民法院（2000）知终字第 10 号。

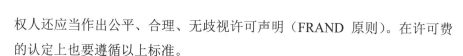

权人还应当作出公平、合理、无歧视许可声明（FRAND 原则）。在许可费的认定上也要遵循以上标准。

标准制定不能隐藏太多技术信息。标准首先要符合相关法律法规和政策的规定。例如，标准的制定人有义务制定可操作、可执行的标准，这就要求标准制定人不能制定出一个同行业竞争者不知道如何执行的标准，否则就有限制竞争的风险。但这也不意味着标准制定人应当将自身掌握的所有技术信息均完全披露，如对有替代方案的技术细节或者存在本领域技术人员熟知的常规技术实现路径等，可以做一些简化。

三、项目评审中的商业秘密管理

1. 项目评审中的商业秘密问题

科技项目的评审有可能会使项目技术内容被外部知悉，如果参与项目评审的人员没有签署保密协议或根据行业惯例不能被推定为负有保密义务，将导致科技项目的内容被认定为公开，甚至导致未来的专利申请丧失新颖性。

2. 项目评审中商业秘密的合规管理

首先，参与项目评审的人员要签署保密协议，明确评审人员对项目负有保密义务。

其次，科研主体在将相关技术项目送评之前应当详细了解评审工作的公开程度及谨慎选择送评的项目信息。

再次，评审主体要做好评审资料的管理，保证评审资料的接触权限在合理范围内，并做好证据留存工作。

最后，如果造成公开的，评估是否可以适用《中华人民共和国专利法》（以下简称《专利法》）第二十四条豁免。《专利法》第二十四条规定："申请专利的发明创造在申请日以前六个月内，有下列情形之一的，不丧失新颖性：（一）在国家出现紧急状态或者非常情况时，为公共利益目的首次公开的；（二）在中国政府主办或者承认的国际展览会上首次展出的；（三）在规定的学术会议或者技术会议上首次发表的；（四）他人未经申请人同意而泄露其内容的。"

四、学会管理中的商业秘密问题

1. 会员信息

全国学会掌握大量的机构会员及个人会员的会员信息，这些信息不仅属于商业秘密，同时也涉及个人信息和数据的管理。从全国学会管理责任角度分析，数据的收集和使用应当遵守《中华人民共和国个人信息保护法》和《中华人民共和国数据安全法》等法律法规的相关要求，收集者有义务将以上信息保护好。从全国学会所享有的权利角度分析，会员信息数据同时是全国学会的竞争优势，利用以上数据可以为学会带来更便利的工作开展条件及合作机会，如学会开办的展会可以吸引更多的厂商和机构参加，是利用商业秘密的表现。

2. 举办会议

全国学会承担着举办大型学术会议的职能，会议往往涉及该领域较为前沿科技的沟通与讨论，涉及大量商业秘密管理工作。

首先，学会应当在会议邀请或会议须知中明确提示参会人员不得将本单位商业秘密在会议中展示，否则该技术秘密有被公开的风险。提高参会科技工作者的法律意识和保密意识，是学会工作的重要内容之一。作为技术人员的关注点更多在于前沿科技信息的交流与共享，往往忽略了商业秘密保护的相关问题。因此需要在学术会议举办前提示参会人员不要泄露在研项目相关信息及其他技术秘密。还需要提示参会人员泄露技术秘密的后果：因为技术秘密一旦公开，则不能再申请专利；涉及国家秘密的，还有泄露国家秘密的风险。

其次，学会应当在会议邀请或会议须知中明确提示参会人员不得私自录音、录像。在以往发生的泄密案例中，往往是由于参会人员私自拍摄会议录像并上传到公开网络，被某些行业内的竞争者发现，从而导致了相关技术秘密的泄密和流失。

最后，学会在举办会议的过程中，还应当注意保护参会人员的个人信息等商业秘密。对于全国学会主办的年度会议，往往会邀请众多业内人士参与，也会把相关个人信息如姓名、身份证号、联系方式、所在单位等信

息提供给会议承办公司或相关人员。为了防止这些接触参会人员身份信息的人员泄密，应当与其所在单位及个人分别签署保密协议，约定需要保密的内容、保密义务及违约责任。

3. 举办展会

类似的，在全国学会主办行业展会的过程中，也应当明确提示参会人员不得将本单位商业秘密在会议中展示，但举办展会也会有其特殊的商业秘密保护要求，因为在展会中除了直接展示某些技术内容外，更多的会通过产品、样机或模型等具有创新性的实物进行展示和说明。对于实物产品的商业秘密保护要求则要注意防止展示含有不宜公开的技术秘密的部件，如采用遮盖、封箱等方式进行隐藏。

另外，展会主办方还应当与参展机构签署保密协议，并对参展工作人员进行身份登记、为其制作识别证件并要求其签署保密承诺书。通过以上措施，提醒参展机构之间不要互相打探、窃取商业秘密，否则将需要承担相应责任。

第三章

科研项目商业秘密管理

　　一套完善的商业秘密合规管理体系，包括以下四方面内容：一是密点的梳理，并制定分类分级标准，一方面可以帮助企业掌控属于自己的无形资产，另一方面能够提高企业在商业秘密纠纷中的举证能力；二是信息安全系统构建，相当于打造一个"存放"商业秘密信息的"电子保险柜"，一方面增加安全系数，防止信息泄露，另一方面做到"实时留痕、全程可追溯"，增加制度的威慑力；三是建立一套商业秘密管理制度和相关协议模板，覆盖员工管理全流程、研发管理全流程、生产管理全流程、信息系统全流程，以及对外商务合作、对外信息交流、知识产权申请、应急保障措施等方面的合规管理规范，针对每个可能的风险点确立管理策略和管理措施；四是通过一套培训考核制度促进管理制度和保密措施的落地，逐渐引导员工遵守商业秘密管理规定。

　　以上工作的开展可以借助本章提到的科研人员管理、研发资料的合规管理、商业秘密信息化管理、商业秘密区域管理、对外业务合作的商业秘密管理及科研单位关注的技术标准制定中的商业秘密管理几大模块展开讲解。另外需要注意的是，以上工作需要科研单位众多部门和众多人员的协同工作，研发管理复杂而且不断变化，所以体系和管理构架应随着研发任务的发展而不断变化，未来商业秘密保护制度和保密策略也应当随着外部环境的变化而变化。

第一节　确立商业秘密管理的组织体系

一、管理体系建设基本原则

1. 统筹规划和实施

商业秘密保护体系建设由商业秘密保护体系建设项目领导小组和工作组统一进行方案规划，企业总部及下属实施单位按照统一部署进行实施，保证商业秘密保护规则和标准统一，可监督、可执行、可复制和可推广。

2. 归口管理，逐级负责

企业建立保密委员会，明确商业秘密归口管理部门，作为商业秘密保护制度的牵头执行部门。在此之下各部门设立商业秘密管理员，明确各方职责，采取逐级负责制，保证保密制度和各项措施层层落实。各级技术、市场、生产、法务、人力、信息技术等部门分头负责其职责范围内的事务。

3. 全面覆盖，不留短板

商业秘密管理制度及保密措施应当覆盖所有泄密风险点，保密体系建设遵循"木桶理论"，只要一个地方没有覆盖、存有漏洞就会导致整个系统失效。应当综合利用信息安全系统、管理制度、保密协议、竞业限制协议、保密策略、商业秘密培训等多种方式，构建全方位保密网络。

4. 法律措施与管理措施的结合

商业秘密管理是企业整体管理制度中的一个有机组成部分，商业秘密的管理制度、保密措施必须符合公司整体管理构架，这样才能保证管理制度的落地。另外商业秘密管理制度与保密措施尽量与企业目前管理制度有序衔接，降低相关工作人员的工作量。

5. 保密和效率的平衡

充分调研企业各部门工作需求，在保障信息安全的基础上充分照顾到业务部门的正常工作需求，通过信息技术手段将保密措施对工作效率的影响降到最低，达到信息安全与工作效率的平衡。

二、商业秘密保护体系的保护效果

商业秘密保护体系建成后，将产生以下五道防线。

（1）第一道防线：依靠信息安全系统防止泄密；

（2）第二道防线：签署保密协议，为追责设立法律依据；

（3）第三道防线：信息全程留痕有利于发现并追回被窃取的信息；

（4）第四道防线：依据发现的证据起诉可能的侵权行为；

（5）第五道防线：竞业禁止协议防止员工用自己的经验为竞争对手服务。

构建企业商业秘密组织管理体系，目的是保证企业的研发、生产、销售、信息技术、人员、安保等各个部门、各个生产线、各个项目组都有商业秘密管理者，负责制度的执行落地，形成网格化管理结构，使涉密信息产生、使用、传输、打印、复制、归档各个环节都有商业秘密管理者监督检查制度的执行情况。组织管理体系包括企业层面的保密委员会（或其他企业层级管理组织）、保密办公室、各部门或各事业部的商业秘密管理员。保密办公室作为公司商业秘密的归口管理部门，主要负责商业秘密管理体系的持续运行及考核。各部门商业秘密管理员作为最基层的商业秘密制度的执行者，负责商业秘密各种保密措施和制度的落地执行，并将实践中遇到的问题及时反馈。

第二节　科研人员管理

一、人员分类分级管理

人员分类是指根据工作岗位不同接触的商业秘密类型不同进行的分类。例如，研发人员、销售人员所接触的商业秘密信息及对商业秘密信

43

息的运用都有着不同的要求，区分部门管理将有助于设定更加恰当的保密措施。

对人员的分级是指该人员所在的岗位接触的商业秘密重要程度不同进行的分级。例如，根据员工工作岗位所接触的商业秘密文件的等级不同，分为核心商密岗位、重要商密岗位及一般商密岗位。核心商密岗位为日常工作中产生、经管或者经常接触、知悉核心商业秘密的岗位；重要商密岗位为日常工作中产生、经管或者经常接触、知悉重要商业秘密的岗位；一般核心商密岗位为日常工作中产生、经管或者经常接触、知悉一般商业秘密的岗位。

商业秘密人员商密等级确定的以所在岗位的商业秘密等级为原则，分为核心商密人员、重要商密人员以及一般商密人员。

二、签署保密协议

签署保密协议应当尽量明确表明保密的客体，并结合竞业限制协议一起发挥保护效用。最高人民法院认为："符合反不正当竞争法第十条规定的保密措施应当表明权利人保密的主观愿望，明确作为商业秘密保护的信息的范围，使义务人能够知悉权利人的保密愿望及保密客体，并在正常情况下足以防止涉密信息泄漏；单纯的竞业限制约定，如果没有明确用人单位保密的主观愿望和作为商业秘密保护的信息的范围，不能构成反不正当竞争法第十条规定的保密措施[1]。"

保密协议中应当对保密范围进行约定。除了对商业秘密的范围进行概念性的说明外，企业还可以针对自身行业特点对商业秘密的范围进行限定。例如，医药领域对于保密范围的限定可以增加如下内容：保密信息包括涉及的医疗信息等保密信息，包括但不限于在疾病防治、健康管理等过程中产生的与健康医疗相关的数据（包括但不限于健康状况数据、医疗应用数据、医疗支付数据、卫生资源数据、公共卫生数据），患者个人信息，健康档案，标有医疗机构标识的票据和病历本册，及处方笺、各种检查的申请

---

[1] 最高人民法院（2011）民审字第 122 号案。

单、报告单、证明文书单、药品分装袋、制剂标签等。其中，医疗应用数据包括病历、医嘱、检查检验报告、病程记录等；医疗支付数据包括医疗交易信息、医保支付信息、交易金额、交易记录和保险信息等；卫生资源数据包括医院基本数据、医院运营数据等；公共卫生数据包括环境卫生数据、传染病疫情数据、疾病监测数据、疾病预防数据等。

除此之外，在约定保密信息的范围时还应当涵盖以下内容：保密信息既包括归属于公司的商业秘密，也包括公司依据协议或者法律法规对第三方负有保密义务的相关信息和资料；保密信息既包括承载于有名文件或无名文件中、并存储在有形载体上的商业信息，也包括以非文件形式获取并被大脑记忆的商业信息；保密信息既包括独立文件记载的商业信息，也包括不同文件组合所体现的商业信息及多个文件积累、整理、分析或使用所体现的商业信息。

签署保密协议不意味着要支付保密费。在金某盈侵犯商业秘密案[1]中，法院认为，保密性可以通过审查权利人是否具有将涉案信息作为保密对象的主观意图和客观努力来确定。对于曾经存有雇佣关系的当事人，保密义务不以雇主未支付保密费用而得以免除。

保密协议中建议明确违反保密条款的违约责任，特别是违约金的计算方式。关于违约金计算的问题，目前的司法实践有如下趋势。

1. 部分法院认定直接约定违约金金额无效

案例：北京凤天乘云教育咨询有限公司与郭某丽劳动争议，（2018）京0113民初10565号、（2018）京03民终12850号。

裁判观点：涉案《内部员工保密协议》约定的违约金，不属于《中华人民共和国劳动合同法》（以下简称《劳动合同法》）第二十二条、第二十三条规定情形，用人单位不得与劳动者约定由劳动者承担违约金。《内部员工保密协议》有关违约金的约定，违反了《劳动合同法》第二十五条强制性效力性规定，应属无效。

分析：根据《劳动合同法》第二十五条，劳动者承担违约金的情形仅

---

[1] 一审：浙江省瑞安市人民法院（2018）浙0381刑初1234号；二审：浙江省温州市中级人民法院（2019）浙03刑终424号。

限于违反专项技术培训服务期约定和竞业限制义务约定，故用人单位与劳动者在劳动合同或保密协议等文本约定了劳动者违反保密义务应承担的违约金，该条款对劳动者应属无效。

2. 法院认定保密协议中可以约定损失计算方法

案例：苏州莱能士光电科技股份有限公司与江某明、厦门三眼通光电科技有限公司劳动争议，（2018）苏 0582 民初 10430 号、（2019）苏 05 民终 1473 号。

裁判观点：具体到该案，关于损失赔偿范围，《员工保密及竞业限制协议》第 11.1 条约定为包括开发费用、销售量减少的金额及利润减少金额等，第 11.4 条对上述条款进行补充约定，即当按照上述方式难以计算损失时，确定赔偿损失金额为 50 万元，两个条款均是双方对损失赔偿额计算方法的约定，并非违约金约定。

分析：在约定了劳动者违反保密义务给用人单位造成损失的计算方法后，即使计算方法中涉及具体兜底数额，也不认为是对违约金的具体约定。

3. 因劳动者违反保密义务造成用人单位损失的，用人单位对损失数额承担举证责任

案例：厦门欣瑞建材有限公司与刘某宝劳动争议二审民事判决书。

裁判观点：厦门欣瑞建材有限公司请求刘某宝按其违约行为所取得的利润 271 777 元（49 414 平方米×22 元/平方米–49 414 平方米×16.5 元/平方米）承担赔偿责任理由成立，法院予以支持。

分析：劳动者违反劳动合同中约定的保密事项，对用人单位造成经济损失的，可按《反不正当竞争法》的规定支付用人单位赔偿费用。《反不正当竞争法》中规定：因不正当竞争行为受到损害的经营者的赔偿数额，按照其因被侵权所受到的实际损失确定；实际损失难以计算的，按照侵权人因侵权所获得的利益确定。在该案中，用人单位举出充分证据证明了劳动者违反保密义务签订协议所获得具体利润数额，尽到了举证责任，全额获得支持。

4. 损失难以计算的，法院酌定赔偿数额

案例：苏州莱能士光电科技股份有限公司与江某明、厦门三眼通光电

科技有限公司劳动争议，（2018）苏 0582 民初 10430 号、（2019）苏 05 民终 1473 号。

裁判观点：劳动者违反劳动合同中约定的保密事项，对用人单位造成经济损失的，相关赔偿费用可以参照《反不正当竞争法》的规定予以认定，在难以确定的情况下，人民法院还可以根据具体情况酌定 300 万元以下的赔偿金额。

分析：在损失难以确定的情况下，人民法院可以根据具体情况对赔偿数额进行酌定，目前《反不正当竞争法》已经将酌定赔偿金额的上限提升至 500 万元。

因此，在侵权损失难以举证证明的情况下，约定的明确的违约金数额或计算方式将大大降低权利人的举证难度。但是应当尽量避免仅约定固定数额违约金的形式，防止法院认定其因违反劳动合同法而无效。协议中至少应当说明损失超过约定金额或者损失无法计算的，按照约定数额计算。建议相关条款可以拟定为："乙方违反本协议约定给甲方造成损失的，乙方应承担赔偿损失的责任。损失的计算方法为：甲方成本增加金额、销量减少金额、利润减少金额、乙方及第三方获利金额等。以上所称经济损失，包括实际损失和可得利益损失及甲方为处理违约事件所发生的包括调查、取证、仲裁、诉讼、聘请律师等法律费用在内的全部支出。当按照上述方式难以计算损失时，确定赔偿损失金额为 20 万元。"

以案说法 ◀◀◀◀

法院可通过侵权交易额、利润等确定判赔额[1]

王某中系宁波 A 公司（以下简称"A 公司"）前员工。双方于王某中入职时签订《劳动合同》及《商业秘密保护合同》各一份，约定：原告（即 A 公司）的商业秘密包括且不限于特定的、完整的、部分的、个别的未披露的信息，包括且不限于涉及商业秘密的客户名单等信息；被告（即王某中）

---

[1] 浙江省宁波市鄞州区人民法院（2019）浙 0212 民初 11565 号。

对原告的所有商业秘密承担保护义务，不得披露原告的商业秘密等，不得直接、间接、试图影响或者侵犯原告拥有的客户名单及其客户关系的商业秘密，包括客户名称、联系人、联系人习惯、联系方式、聊天工具、电子邮箱、交易习惯、合同关系、佣金或折扣、交提货方式、款项结算等；若被告违反该合同规定，应当向原告支付违约金 50 万元，当原告损失超过违约金时，被告除偿付违约金外，赔偿超过部分的实际损失。2017 年 1 月 23 日，王某中离职，次月 23 日，王某中再次确认了其所知悉的 A 公司商业秘密的具体范围，并在客户名单（商业秘密）明细上签字确认。

经宁波市鄞州区市场监督管理局调查后查明：王某中于 2017 年 6 月起从事与外商的外贸经营业务，至该局查获时，分别与其在 A 公司任职期间主管的 3 位外商客户发生灯串、蜡烛等产品出口业务，经营额为 294 813.12 美元（折合人民币 1 951 864.61 元）。该局于 2019 年 6 月 11 日作出甬鄞市监处〔2019〕416 号行政处罚决定书，对王某中侵犯商业秘密的行为处以责令停止违法行为、罚款 10 万元。原告认为被告的行为侵犯原告商业秘密，遂诉至宁波市鄞州区人民法院，要求被告立即停止侵权，赔偿原告经济损失 60 万元并承担维权费用 6.1 万元。

宁波市鄞州区人民法院经审理认为：原告公司在经营过程中形成的客户名单，包括客户名称、联系方式、报价方式等信息，具有一定的商业价值，原告对此采取了保密措施，属于不为公众所知悉的经营信息，构成商业秘密。被告在原告公司任职期间掌握了上述商业秘密，离职后违反保密义务，使用该商业秘密与原告客户进行交易，已构成侵犯原告商业秘密。根据被告与原告客户之间的交易额，商业秘密保护合同约定的违约金 50 万元与被告因此获得的利润基本相当，故据此确定损失赔偿金额为 50 万元。遂于 2020 年 2 月 11 日判决：王某中停止使用 A 公司客户名单的行为，并赔偿 A 公司经济损失 53.1 万元（含合理费用）。

三、开展保密宣导与培训

为了保护企业商业秘密，加强员工的保密意识是其中重要一环。但是企业往往只重视对员工的技能培训而忽略了商业秘密培训，这就导致了很多风险的存在。

开展商业秘密保护的培训，不仅是为了让员工了解到商业秘密相关法律知识，通过实际案例和风险提示，防止员工铤而走险，盗窃公司商业秘密；更是通过明确商业秘密权属及员工的保密义务，让员工清楚了解肩负的商业秘密保护义务，发挥主观能动性来积极地保护商业秘密。

保密宣导与培训应当是经常性的工作，至少应当包括入职培训、年度培训与不定期培训等。入职培训针对新员工的保密意识树立和企业基本保密文化和保密管理的介绍；年度培训可针对各个部门的实际情况、项目管理情况、在工作中发现的商业秘密管理漏洞及可以提高之处进行总结；不定期培训则是针对特定事项的培训，如企业配置的商业秘密软件、提出的商业秘密管理规则或者是针对突发事件处理的反思总结。

四、竞业限制管理

竞业限制协议是企业保护商业秘密的最后一道防线，企业可以通过竞业限制协议使离职员工在竞业限制期间内不得为竞争企业提供竞争性服务。在竞业限制协议生效的情况下，即使员工不带走任何资料、不使用前公司的具体技术，也不可以在与前公司相似的领域从事相似的工作。

在签署竞业限制协议时，要重点关注竞业限制经济补偿金条款和违约金条款的设定。

1. 竞业限制经济补偿金

对于竞业限制经济补偿金，建议不宜设置得过低。第一，双方约定的数额低于劳动合同履行的最低工资标准的，竞业限制协议一般认定有效，用人单位仅需要承担补足差额的义务，但也有个别法院因此否认了竞业限制协议的效力。第二，竞业限制经济补偿金过低的，用人单位可获得的员工违反竞业限制协议的违约金可能会相应调减，难以起到弥补损失的作用及约束、警示离职员工的效果。

竞业限制补偿金的支付方式一般为离职后按月支付。补偿金支付方式仅可以在离职后支付，不得以在职期间的工资、奖金作为竞业限制补偿金。

还需注意，部分地区对竞业限制补偿金单独制定了规则。

（1）北京。《北京市劳动和社会保障局、北京市高级人民法院关于劳动争议案件法律适用问题研讨会会议纪要》第三十九条规定：用人单位与劳动者在劳动合同或保密协议中约定了竞业限制条款，但未就补偿费的给付或具体给付标准进行约定，不应据此认定竞业限制条款无效，双方可以通过协商予以补救，经协商不能达成一致的，可按照双方劳动关系终止前最后一个年度劳动者工资的 20%～60%支付补偿费。用人单位明确表示不支付补偿费的，竞业限制条款对劳动者不具有约束力。劳动者与用人单位未约定竞业限制期限的，应由双方协商确定，经协商不能达成一致的，限制期最长不得超过两年。

（2）上海。《上海高院关于适用〈劳动合同法〉若干问题的意见》第十三条规定：当事人对竞业限制条款约定不清的处理。劳动合同当事人仅约定劳动者应当履行竞业限制义务，但未约定是否向劳动者支付补偿金，或者虽约定向劳动者支付补偿金但未明确约定具体支付标准的，基于当事人就竞业限制有一致的意思表示，可以认为竞业限制条款对双方仍有约束力。补偿金数额不明的，双方可以继续就补偿金的标准进行协商；协商不能达成一致的，用人单位应当按照劳动者此前正常工资的 20%～50%支付。协商不能达成一致的，限制期最长不得超过两年。

（3）江苏。《江苏省劳动合同条例》第二十八条规定：用人单位对处于竞业限制期限内的离职劳动者应当按月给予经济补偿，月经济补偿额不得低于该劳动者离开用人单位前 12 个月的月平均工资的 1/3。用人单位未按照约定给予劳动者经济补偿的，劳动者可以不履行竞业限制义务，但劳动者已经履行的，有权要求用人单位给予经济补偿。竞业限制约定中的同类产品、同类业务仅限于劳动者离职前用人单位实际生产或者经营的相关产品和业务。竞业限制的期限由当事人约定，最长不得超过两年。

（4）浙江。《浙江省技术秘密保护办法》第十五条规定：竞业限制补偿费的标准由权利人与相关人员协商确定。没有确定的，年度补偿费按合同终止前最后一个年度该相关人员从权利人处所获得报酬总额的 2/3 计算。

（5）深圳。《深圳经济特区企业技术秘密保护条例》第二十四条规定：竞业限制协议约定的补偿费，按月计算不得少于该员工离开企业前最后 12

个月月平均工资的 1/2。约定补偿费少于上述标准或者没有约定补偿费的，补偿费按照该员工离开企业前最后 12 个月月平均工资的 1/2 计算。

（6）中山。《广东省中山市中级法院关于审理劳动争议案件若干问题的参考意见》第 6.1 条规定：用人单位与劳动者约定竞业限制但未同时约定经济补偿，或者约定经济补偿的数额明显过低、不足以维持劳动者在当地的最低生活标准的，属于《劳动合同法》第二十六条第（二）项规定的"用人单位免除自己的法定责任、排除劳动者权利的"情形，该竞业限制条款无效。

（7）苏州。《苏州市中级人民法院、苏州市劳动争议仲裁委员会劳动争议研讨会纪要（一）》第五条第（一）项第 2 点规定：用人单位应当在劳动者履行完必要手续前，与劳动者协商经济补偿的标准；协商不成的，用人单位应当按不低于劳动者前 12 个月平均工资 1/3 的标准按月给予经济补偿。

因此，建议在竞业限制协议中明确约定如果离职时双方不能协商一致的情况下竞业限制经济补偿金数额或者计算标准。未约定竞业限制经济补偿的，竞业限制协议有效，用人单位应按照国家及地方规定的标准支付经济补偿。建议补偿金标准参考法律规定及地方标准。关于月补偿标准，一般约定为员工前 12 个月平均工资的 30%（如低于当地最低工资标准的，适用当地最低工资标准）较为稳妥，如果地方规定了更高标准的，应遵守地方标准（地方有更低标准的，可以调减）。

以案说法 ◀◀◀◀

四川力士达智慧照明科技有限公司诉杨博劳动争议上诉案[1]

该案中，杨某与力士达公司签订的《竞业限制协议》中仅约定杨某离职后两年的竞业限制期限，未约定解除或者终止劳动合同后在竞业限制期限内按月给予杨某经济补偿，而是约定离职后杨的竞业限制补偿费已由力士达公司提前予以支付（每月按当月工资总额的 5% 随工资发放），在竞业限制期内无须支付竞业限制经济补偿。该协议显然属于《劳动合同法》第

---

[1] 成都市温江区人民法院（2020）川 0115 民初 4574 号。

51

二十六条第一款第（二）项规定的用人单位免除自己的法定责任、排除劳动者权利的情形，故杨某与力士达公司签订的《竞业限制协议》应当无效。比之一次性支付，按月支付补偿金的方式更容易要求离职员工汇报工作单位，从而掌握劳动者去向。最后，部分企业采用股权期权激励或收益分成等作为竞业限制补偿对价，法院一般会判定该对价是否在数额上满足竞业限制补偿金的法定标准，若满足，此种支付方式亦为有效。

2. 竞业限制违约金

在签署竞业限制违约金条款时应当注意以下内容。

第一，违反竞业限制义务的违约金可进行约定。对于劳动者违反竞业限制约定，向用人单位支付违约金的数额，法律并没有进行限制，主要在于双方约定，竞业限制违约金兼具补偿性及惩罚性功能，且不以用人单位遭受实际损失为前提。

以案说法 ◀◀◀◀

法院支持约定的合理范围内的竞业限制违约金❶
——中芯国际集成电路制造（上海）有限公司与李某亮竞业限制纠纷案

一审法院依据李某亮离职后至与中芯公司存在竞争关系的××公司工作、违反双方竞业限制约定之事实，结合双方竞业限制协议中有关违约责任之约定、中芯公司向李某亮支付的竞业限制补偿金的数额、李某亮在中芯公司的工作年限及职务等综合考量，认定李某亮除需向中芯公司返还该公司已支付的竞业限制补偿金之外，还需承担241 668元违约金支付义务，并无不当，二审法院予以认同。

分析：该案中对于竞业限制违约金有明确约定，"约定违约金数额为公司应当支付的整个竞业限制期内竞业限制补偿金总额的3倍"，且该数额在合理范围内，获得法院全额支持。

---

❶（2019）沪 0115 民初 69130 号、（2019）沪 01 民终 14824 号。

第二，司法实践中，违约金数额可能会根据实际情况进行调整。虽然法律没有限制，但对于违约金的约定仍要遵循公平和诚实信用原则，对于违约金畸高的情况，裁审机构可以根据违约行为持续时间、劳动者主观过错程度、劳动者的工资水平、用人单位的实际损失、竞业限制补偿金水平等因素酌情进行相应调整。对于违约金不足以弥补用人单位损失的，用人单位能够举证证明其损失超过了违约金金额的，违约责任会适当调高。

以案说法 ◄◄◄◄

对于不合理的竞业限制违约金，法院将进行调整[1]
——陈某与广州慧智微电子有限公司竞业限制纠纷案

被告主张原告（用人单位）应当按照《保密、竞业禁止及知识产权保护协议》第 3.3 条"如果乙方（原告）违反竞业禁止规定的，应当向甲方（被告）支付违约金，数额为甲方（被告）向其支付的竞业限制补偿费的 15 倍"的约定向被告支付竞业限制违约金 1 412 812.80 元，原告认为该条款约定违约金数额过高。法院认为，竞业限制制度在保护用人单位商业秘密和与知识产权相关秘密的同时，也对劳动者的就业权和劳动权进行了限制，故个案中需对双方的权益进行平衡。综合考虑原告离职前每月的工资收入、双方约定的竞业限制的期限、被告实际向原告支付竞业限制补偿金的数额等情形，被告主张的竞业限制违约金的数额显属偏高，应予调整，某院酌情确认原告应支付竞业限制违约金 290 000 元。

分析：该案中约定的竞业限制违约金为竞业限制补偿费的 15 倍，被法院认定为违约金数额明显偏高的情形，因此进行了调减。

第三，未约定竞业限制违约金，用人单位承担举证责任。如果双方未约定竞业限制违约金，用人单位需要举证劳动者的违约行为给其造成的直接经济损失。

---

[1] （2017）沪 0115 民初 1299 号、（2017）沪 01 民终 9631 号。

53

以案说法 ◀◀◀◀

未约定竞业限制补偿金的，可由法院确定❶

——无锡功夫之星武术俱乐部有限公司与张某南竞业限制纠纷案

纵观该案案情，首先，从双方签订的《竞业禁止协议书》来看，仅约定了张某南竞业限制义务，未约定支付张某南竞业限制经济补偿，双方也未对竞业限制经济补偿金额达成一致意见，虽功夫之星公司向张某南支付过竞业限制经济补偿，但张某南一直未予认可，权利义务存在不平等，亦显失公平，对竞业限制条款的瑕疵，功夫之星公司存在过错。其次，虽功夫之星公司陈述张某南已造成因学员集中退费而产生的实际损失 30 余万元，但并未提供充分证据证明两者之间存在因果关系，也未能提供相应证据证明其预期利益的损失。结合用人单位支付的经济补偿数额、劳动者的工作年限、劳动者的职务、劳动者的主观过错及给用人单位造成的实际损失，根据公平原则，法院酌定张某南应支付功夫之星公司竞业限制违约金 8 万元。

该案中由于未约定竞业限制违约金，用人单位举证证明存在相应损失，但并未提供充分证据证明两者之间存在因果关系，也未能提供相应证据证明其预期利益的损失，最终法院酌定赔偿额为 8 万元。

五、风险人员的识别

风险人员的识别包括识别有异常行为的人员及关注员工的兼职或在职期间参股、成立有同业竞争关系的公司的行为。

异常行为主要包括：大量下载、复制、打印公司材料；向同事打听与其本职工作不相关的商业秘密信息；违规进入商业秘密区域；对含有商业秘密的厂房、设备、生产线、机器、样品等进行拍照录像；违反规定将公司的实验品带出工作区域等。如果发现员工有以上异常行为，一定要注意通过各种途径进行商业秘密信息泄露的预防工作，比如关闭权限或约谈，

---

❶ 江苏省无锡市梁溪区人民法院（2020）苏 0213 民初 1550 号。

并通过信息系统将以上异常行为及时固定存证。

对于员工兼职或在职期间参股、成立有同业竞争关系的公司的，应当注意识别该员工是否有泄露企业商业秘密信息的可能，可以通过在职竞业限制的约定、规定对其进行约束。

以案说法 ◀◀◀◀

在职期间的竞业行为可从严认定❶
——浙江华章科技有限公司诉唐某超、嘉兴绿方舟环保技术有限公司
不正当竞争纠纷案

虽然商业秘密相关司法解释规定，被诉侵权行为人举证证明客户系基于对员工个人的信赖而自愿与员工离职后入职的新单位进行交易的，可认定员工不构成不正当竞争，但是，如果员工在任职期间即参股、成立与原单位有同业竞争关系的公司，对员工不侵权的认定应当从严把握。员工在职期间成立与所在单位有同业竞争关系的公司，如果不能举证证明公司交易机会的具体来源，结合相关事实，可以推定该交易系剥夺了所任职单位的交易机会，构成侵害公司客户名单的不正当竞争行为。

六、离职流程规范化管理

在离职员工引发的技术秘密侵权案件中，通常权利人发现侵权行为时，相关员工已离职多年，对于商业秘密的接触证据已经很难收集。因此，企业应当防患于未然，建立规范的离职流程，保证离职人员的资料可以完整留存在公司

1. 离职交接

在员工提出离职申请后，企业应当立即审核该员工在职期间所参与的项目资料是否完整留存，并要求其负责人监督完成离职交接。对于只保留在员工计算机中的文件，要通过备份到企业服务器的方式进行留存。

---

❶ 一审：浙江省桐乡市人民法院（2018）浙 0483 民初 4627 号；二审：浙江省嘉兴市中级人民法院（2020）浙 04 民终 512 号。

2. 权限收回

对于员工的邮箱账号、OA 账号、企业文件系统等账号，应当在员工离职时立即收回。但是应当注意，以上电子系统的信息要长期留存，不能因人员离职就进行删除，否则会对后期举证产生不利影响。

3. 保密承诺

在员工离职时，还应当向员工重申保密义务。签署竞业限制协议的，还要向员工明确竞业限制义务及离职后的报告义务。对于接触或者参与企业重点研发项目的员工，还可以要求其签署《离职保密承诺书》，并明确其参与的重点项目资料已经完整留存在公司、个人不得私自留存相关信息等。

4. 重点员工离职后的追踪

重点员工离职后的追踪可以通过以下方式进行。

（1）定期通过国家知识产权局网站查询以该员工为发明人的专利。如有，则报告给知识产权部，请其判断是否利用公司商业秘密。

（2）定期在知网及本领域常用的其他期刊网站查询该员工发表的期刊文章。如有，则报告给知识产权部，请其判断是否利用公司商业秘密。

（3）通过搜索引擎、招聘网站或领英等求职交流软件定期检索离职员工姓名，了解其是否去到与企业有较强竞争关系的单位。如有，则报告给知识产权部。由知识产权部对该企业的近期研发成果或产品进行检索并判断侵犯公司商业秘密的风险。

第三节　研发资料的合规管理

研发资料的管理可以借助商业秘密梳理与密点的分级分类管理进行开展。商业秘密梳理要按照一定的分类标准将企业已有的技术信息和经营信息进行盘点，将信息分门别类备份和归档，企业未来新产生的信息也要按照这一标准备份和归档。

一、研发资料的分级分类管理

商业秘密梳理一般要先创建一份企业商业秘密信息的清单，然后根据技术、生产、市场、管理各部门的信息情况确定一个相对统一的分类标准。这个过程通常需要三个步骤：① 列出已有商业秘密的清单；② 对上述商业秘密进行分类；③ 确定商业秘密分级标准并依据分级标准对商业秘密进行分级。很多企业的商业秘密都存储在员工的办公电脑中，所以商业秘密梳理的过程也是企业掌控属于自己知识产权的过程。所以商业秘密信息或文件必须从了解企业商业秘密的员工处获得，可以通过一定法律和管理的措施从员工处收集上述信息或文件，也可以通过信息软件的方法从员工处收集上述信息。信息清单必须定期更新，以反映企业商业秘密资产的动态变化。

1. 列出已有商业秘密的清单

企业有效掌控自己商业秘密资产的方法就是要先清查资产，这也是后续分级管理、保密策略制定的前提。通过商业秘密密点的清查，可以形成一份企业商业秘密资产清单。对于从来没有进行过商业秘密梳理的企业来讲，商业秘密梳理工作量还是比较大的，但一旦形成相对标准的分类方法后，后续新产生的信息的分类和分级管理就变得相对容易了。

创建企业商业秘密的密点清单一般分三步。第一步是收集涉密信息，通过商业秘密密点认定标准的培训，让员工能够从其他类信息中分辨出商业秘密资产；第二步针对收集的涉密信息，和业务部门共同确定分类方法；第三步确定涉密信息的分级标准。

收集过程中如果采用正确的方法，会避免很多重复的工作。员工仅需要确认他们工作中产生或使用的，或者在直接控制范围内的商业秘密。商业秘密行政管理人员从员工处获得信息，或以小组会议形式获得信息，汇总后让业务主管提交各组的商业秘密清单，这样可进一步减少重复清单。每个主管仅报告其团队产生或使用的或在直接控制范围内的商业秘密。这些清单可逐级上报至管理层，每一级在向上级提交报告前都须删除其报告范围内的重复信息。这种方法存在的风险就是，有些商业秘密因为员工的判断失误可能没出现在公司清单上，但是有价值的重要商业秘密不出现在清单上的可能性不大。为了方便备案，各级清单应传送至中心数据库，还可作为下一次商业秘密审计出发点和打好基础，方便对主清单进行添加和删减。

此外，商业秘密信息的分类标准只是相对统一的，不能太过机械化，导致工作效率的降低。信息分类标准还要随着技术研发或者市场营销情况的变化而调整。

2. 制定分类标准并对研发信息进行分类

企业一旦掌握了已有商业秘密信息后，为了提高信息的利用效率，必要将其分类并有效利用。这实际上与有形资产的分类管理类似，如分为不动产、动产、生产设备、厂房、办公设备等类。对于商业秘密保护而言，涉密信息的分类存储可以提高安全性和适用性。首先，分类管理信息可以设定不同类信息的不同访问权限，保证不是每个员工都可以获得全部的涉密信息。其次，经过分类梳理的涉密信息，更容易满足密点的认定标准，在未来的纠纷中更容易被法院认定为是密点。从信息使用的角度，分类又是提高信息利用效率的重要手段，借助商业秘密梳理可以大大提高企业技术信息和经营信息的利用效率，提升知识管理水平。

信息分类体系的设计非常复杂，涉及企业内可能符合商业秘密保护资格的大量不同种类的信息，而且不同企业之间的信息分类标准又不尽相同。产品配方、制作工艺、制作方法、研发记录、实验数据、技术诀窍、技术图纸、样品、样机、模型、模具、设备、设计、程序、公式、编程规范、计算机软件源代码、战略规划、客户信息、员工信息、货源信息、销售信息、产品发货单、物流信息单、营销策略、谈判策略、定价策略、财务计划等，也体现出商业秘密信息的多样性。

但是，这些看似庞杂的主题背后，基本都遵循了一种简单的分类标准。根据"产品的主题与类型"的分类体系对商业秘密资产进行分类，比如涡轮叶片的生产方法、××型号电机或传动装置的工程规范等。这种商业秘密的分类方法又称为 SFP 分类法。所有可能的 SFP 分类构成了企业商业秘密的三维空间，适用于所有的商业秘密。主题通常对应着企业内部产生或使用商业秘密的部门或组织，比如生产管理部，研发中心设计部等。类型包括文件类型、原型、工艺、公式、结果、计划及企业适用的其他类型。产品通常指品牌，但对于特殊企业，企业产品也可以是代号或者型号，比如某商业秘密适用于企业生产的某型号发动机。

3. 确定商业秘密分级标准并依据分级标准对商业秘密进行分级

根据经验，产生或使用或直接控制商业秘密的部门很可能就是合适的主题，这其实是一种能够简单实现商业秘密分类的方法，只要是这个部门产生的商业秘密信息，就都属于同一个分类。而适当的类型和产品可以根据该信息产生和使用部门的现有管理和使用习惯进行统一，只要形成一个相对统一的标准即可。

对于不同的商业秘密，处理方式也应不同，就此而言，盘点流程只是形成了一份未分级的商业秘密清单。经权利人采取保密措施的技术信息和经营信息，企业销售激励计划的架构、重要高管的薪酬方案、失败的试验结果都是商业秘密，但是它们的敏感程度与企业旗舰产品的配方、新产品发布计划或供应商体系是不同的。商业秘密必须进行保密分级，标出其重要程度或者说敏感程度，明确其处理方法和安全措施。根据信息的价值和泄密风险，采取不同的保密策略，目的在于在保证涉密信息安全的前提下，尽可能地提高工作效率。

根据经典理论，建议分类等级可以采取两级或者三级，但一般不超过五级。通常，在纯粹的商业秘密保护体系中，三级基本就适用于大多数企业的商业秘密分级。企业不同，适用的分级策略也不同。如果只有一级，则最常用的标签就是"保密"，基本只能区分商业秘密和非商业秘密两种情况，这在很多情况下就会显得捉襟见肘，完全无法区分商业秘密的等级；如果有三级，则商业秘密通常分为核心商密、重要商密和一般商密三种类型，这就非常便于技术人员对不同的商业秘密进行区分。

核心商密是指商密信息的保密性价值非常高，只有企业特定部门或项目组的部分人员可知，一旦内部扩散或向外部泄漏会威胁到企业的生存、发展，会削弱企业核心竞争力，对企业经济利益造成特别严重的损失、危害，或对业务开展造成严重的影响。

重要商密是指商密信息的保密性价值中等，企业特定部门或项目组内部公开，一旦内部扩散或向外部泄漏可能威胁到企业的生产、发展，会削弱企业的市场竞争力，对企业经济利益造成严重损失、危害，或对业务开展造成一般的影响。

一般商密是指商密信息的保密性价值相对较低，企业内部公开，一旦向外部泄漏会对业务造成轻微影响。

当然，标签的名称可以根据每个企业不同的情况加以确定，只要能清晰地表示出三个不同程度即可。对于每一级而言，都应根据该级商业秘密的重要性和泄密风险，对于发布、披露、传送和访问控制及跟踪设置相应的安全措施和制度结构体系。

已有商业秘密的分级标准也可在清查过程中由员工收集整理，并在最后审核过程中由部门领导或者分管领导进行审核。一旦采用分级标准，应根据适当的分级计划，用该标准直接指导商业秘密资产的管理。尤其是，一旦采用分级标准，需要确保对企业还没有进行管理的商业秘密信息建立适当的分级制度，并且所有的商业秘密信息均应在其所出现的任何载体上被附以适当的商业秘密分级标识。通常要求无论电子件、邮件或者纸件，只要是涉及商业秘密的，都应该有明显的商业秘密标识。

在动态的商业竞争环境下，商业秘密的分级也不会是静态的。如果一项试验取得了成功且有重大突破，失败的试验结果就会变得更为重要；然而，如果某项产品技术上取得了重大突破，但其市场化时进行得并不理想，在其市场价值贬低后，其技术的价值也会随之降低，其商密等级也可以相应地调低。分级情况应当定期审查，以确保密级及由此确定的处理方法和安保措施仍然适用于当前商业秘密信息的敏感程度。

清查、分类、确认和分级工作完成后，企业就拥有了一份内容完整、层级分明的实际商业秘密资产清单，该清单密级合适，能够确保采取适当的处理方案和安全协议。

企业可以根据技术水平、商业价值、可替代性等因素，考虑将特定的信息确认为核心商密、重要商密、一般商密三个级别的商业秘密进行保护。

商业秘密的密级判定可以遵循如下原则：核心商密是指一旦泄露，会威胁到企业的生存、发展，严重削弱企业核心竞争力，对企业经济利益造成特别严重损失、危害和影响的信息。重要商密是指一旦泄露，可能威胁到企业的生产、发展，削弱企业的市场竞争力，对企业经济利益造成严重损失、危害和影响的信息。一般商密是指在企业内部流通、无特定事由不宜对外公布的信息。各部门根据自身实际情况和商业秘密的价值性、实用性、业务便利性、泄密风险大小综合确定商业秘密的密级，总体来讲就高不就低。

商业秘密文件定级流程如下：以部门或者项目组为单位进行商业秘密梳理，总部核心涉密文件的类型由企业保密委员会审核确定；其他涉密文件的类型由部门负责人确定，报保密办公室备案。这样，既可以保证核心商密认定的严谨性，又能保证其他商业秘密认定的便捷性。在实践中，保密办公室根据商业秘密文件定级流程形成《涉密文件管理表》，《涉密文件管理表》中通常包含各单位、各部门涉及文件的类型及对应密级。

二、研发资料的存储和备份

所有梳理出的密点，需要在信息化系统中实现。企业可以通过网络将直接从员工处收集的商业秘密信息录入商业秘密数据库，逐渐成为重要的密点盘点手段。这种技术手段减少了手工整合清单时可能忽略或遗漏某些商业秘密的风险，并且也无须员工或外部律师和顾问手工整合这些信息。这种技术手段的另一好处就是允许持续收集和整合商业秘密清查数据，并持续更新商业秘密组合的清单。这些技术手段可以提供商业秘密清单的动态信息，可实时查阅，或者回看、统计。

对于信息系统成熟的企业而言，借助这些系统已将研发信息和经营信息进行梳理和结构化存储，已经按照型号产品或者所属部门完成了密点盘点的大部分工作。但技术信息的分类标准还需要进一步进行统一，对于密点信息进行标引，提升未来在可能的商业秘密纠纷中被司法机关认定为密点的可能性。除企业内部产生的涉密信息外，企业合法拥有或使用的第三方的商业秘密，也应当按照企业的商业秘密管理。制定企业相对统一技术分类标准和密点盘点标准，各部门对存量技术资料进行系统的商业秘密梳

61

理和标引，将商业秘密信息规范化管理，使盘点过的涉密信息更容易在可能的纠纷中被司法机关认定为商业秘密，也可以提高技术信息的检索和利用效率。

涉密文件应标注商业秘密保密标识，标识方式可以包括：① 在包含商业秘密信息的载体上标明保密标识，不适宜在载体上标明的，以标贴的形式粘贴在载体上；② 无法标明保密标识的，用专门文件加以确认，并将文件送达负有保密义务的有关部门和人员；③ 在涉及商业秘密的电子文档中应以水印等方式嵌入保密标识；④ 使用其他易于为接触者所认知的方式标明保密标识。

商业秘密保密标识由提示文字和密级两部分组成。例如，提示文字为"商业秘密，未经××公司授权，不得获取或使用"或"CONFIDENTIAL INFORMATION，AUTHORISED USER ONLY"。密级标识可以根据企业涉密信息的重要程度、市场价值和泄密风险分为两级或者三级，标识名称可以设定为核心商密、重要商密、一般商密，或者核心商密、重要商密、内部限阅。涉密文件应在封面、正文水印处分别标明密级、提示文字。电子文件的保密标识由文件创建者标注。原稿为纸质文件的，由创建者申请加盖保密章。任何人不得私自删除企业商业秘密文件的保密标识。

文件的保密标识应当由文件制作者根据企业统一制定的《涉密文件管理表》中规定的密级进行标注。对于无法确定密级的文件，报部门领导审核后标注。对于《涉密文件管理表》中没有的文件类型，视其重要程度及产出频次，由部门商业秘密管理员定期向保密办公室提出增加文件类型及密级的建议。

对于不适合标注密级、提示文字的涉密文件，可以不进行标注。但应当按照该文件本身的密级进行管理。

三、商业秘密信息的存证

目前企业开展研发工作大多应用电子文件，商业秘密信息的存证目标在于使电子文件获得不可篡改的时间信息，从而起到相应的证明效力。若是普通的 Word 文档或者 PPT 格式的幻灯片，里面即使记录了时间信息，也因极易被篡改而无法起到证明效果。因此，关注商业秘密信息的存证也是为可能发生的纠纷提前做好准备。存证的方法主要包括利用具有时间、日志记录功能的信息系统和互联网存证两种。存证的范围主要包括重要的商业秘密信息及商业秘密管理证据，如商业秘密制度的发布、商业秘密培训记录等。

权利人需要重点关注的存证内容包括以下三方面。

（1）游离在系统之外的重要信息。商业秘密信息的存证是保证举证能力的关键要求，一般可借助研发管理系统或者文件管理系统等信息化手段来完成。由于不同科研机构对研发管理采用的模式存在差异，或多或少会存在一些没有被研发管理系统或者文件管理系统保存的重要信息，为了保证这些信息也可以即时留存，就需要借助互联网存证来实现。

（2）核心关键信息。对于核心商业秘密信息等内容，除了通过信息系统留存外，还可以通过互联网存证的方式进行证据固定。这相当于为信息的留存上了双保险，一旦在发生商业秘密纠纷时，经过互联网存证方式固定后的证据具有较高的证明力。

（3）有覆盖风险的系统信息。对于利用研发管理系统等进行商业秘密信息管理的科研机构来说，信息的留存与存储需要占用较大服务器空间，因此系统设定了某些日志类信息或历史版本信息仅留存较短时间的设定。对于这类系统，则也需要定期将重要日志及商密信息内容导出，通过互联网存证的方式进行留存。

第四节　商业秘密信息化管理

一、研发、生产、销售管理系统

很多企业的研发资料、生产资料、实验数据、客户信息等企业无形资产都存放在员工个人办公电脑中，名义上属于企业所有，但企业实际上并不掌控这些资产，员工离职带走或者删除、电脑损坏丢失等风险很高。

建议企业利用研发管理系统、生产管理系统、销售管理系统等专用工具来存储关键信息。对于暂时没有配备相应系统及模块的企业，也可以利用文件管理系统对员工办公电脑中的工作文件进行实时归档和备份。

另外，文件管理系统还可以实现文件的分享、传输、归档等功能，还能保证文件的产生、备份、访问、传输、使用、归档都能留痕，实现"实时留痕、全程可追溯"的效果，为可能的纠纷保留必要的证据。

通过销售管理系统进行客户管理，可以基于订单信息收集到更多经营秘密，使客户名单符合商业秘密的构成要件。

在生产经营活动中，员工违背职业道德和商业伦理带走客户资源，企图用低成本获得竞争优势，成为困扰许多经营者的难题。客户名单的价值在于其作为一种商业信息能够给经营者带来竞争优势，客户信息的稳定性越强，其商业价值越突出，受保护的可能性越大。认定是否构成客户名单不在于客户数量多少，而在于质量高低，即是否包含客户需求、交易习惯、经营规律、价格承受能力、采购意向等深度的客户信息。作为商业秘密予以保护的经营信息是一种综合信息，其中部分信息特别是浅层信息的公开并不意味着整个信息综合体的公开，故即使特定客户的企业名称、联系方式乃至于经营范围能在公开渠道查询到，也不能据此推定包含历史交易数据及特定报价的客户信息已经公开。

二、文件加密系统

文件加密系统是指采用计算机软件对涉密文件进行自动或者手动加密，需要有解密权限的人员解密后才可以正常外发。涉密文件的加密措施是信息安全系统非常重要的组成部分，可以防止非法泄密，也是信息外传的最后一道安全防线。通过加密可以保证非受控外泄文件的安全，非受控人员获得未经解密的文件后无法打开。文件加密系统还可以有效防止黑客窃密，未经解密的文件被窃取后，离开系统后的文件无法打开。此外，文件解密外传会增加留存的证据，系统日志系统会记载文件由谁解密由谁外传。

加密是通过加密软件透明加密，员工进行文件编辑和操作不会有感觉。

只不过文件外传会增加解密审批程序，工作效率因此会有所降低。为了在保证涉密信息安全的前提下，尽可能提高工作效率，所以尽量对涉密信息进行分级管理，避免对涉密信息一刀切式地适用最高解密标准。对于泄密风险高、对外传输概率小的涉密信息，尽量上收解密权限，需经领导审批后解密；对于泄密风险低、对外传输概率比较大的涉密信息，可以考虑将此类文件的解密权限尽量下移，可以由商业秘密管理员解密。同时为了提高解密审批程序的工作效率，也可以设定多人行使解密权，当一人开会或出差情况下，其他人可以接替尽快审批解密。功能强大的加密软件还能为外发文件设定复制、编辑、打印、截屏、打开次数、时效、水印、自动销毁等权限。

　　加密软件是认定采取保密措施的重要工具之一，且加密软件的后台日志记录功能可以为举证提供诸多便利。在番高科研单位诉格霖科研单位、彭某泉、冯某仪侵害商业秘密纠纷案中，番高科研单位是一家生产销售进出口充气橡胶制品、体育器材的企业，彭某泉、冯某仪夫妻俩均是该科研单位原员工，任职期间均签署保密协议。2020 年 6 月 11 日，离职后的彭某泉成立格霖科研单位。2020 年 10 月 29 日，冯某仪在番高科研单位敏捷数据安全系统中，将两份各有 1000 余名客户详细信息的"密文"表格文件重命名后解密并带走。冯某仪于次日从番高科研单位辞职，第三天入职其丈夫设立的科研单位。2021 年 6 月 17 日，广州市南沙区综合执法局从格霖科研单位计算机复制、提取资料并委托鉴定，并对彭某泉、冯某仪进行询问。经鉴定显示，电脑中 272 个邮箱、2148 封邮件与前述两份表格信息匹配。冯某仪称该电脑为其在番高科研单位工作时使用，未清理即交格霖科研单位使用。彭某泉承认向表格中三家科研单位销售冲浪板等产品，交易额约 3 万美元。番高科研单位遂诉至法院，请求三被告停止侵权并赔偿经济损失 50 万元及合理维权费用。广州市南沙区人民法院生效判决认为：番高科研单位通过数据安全系统制作管理表格，并与员工签订保密协议，已采取合理保密措施，符合商业秘密构成要件。

三、采用与互联网物理隔绝的内网系统

采用物理隔绝的内网可以为核心技术秘密信息建立一道防火墙。相关商业秘密产生在内网、验证在内网、应用在内网，严格限制了技术秘密的流出。在必须转出的情况下，通过跳板机与审批流程进行严格留痕。

在维谛科研单位诉李某亮、贝尔科研单位侵害技术秘密纠纷案中，深圳市中级人民法院生效判决认为：维谛科研单位提交充分证据证明其对涉案软件源代码通过硬件物理隔离及软件技术手段采取了保密措施，并充分陈述该技术信息与公知领域相关信息的区别所在，同时通过大量证据合理表明其商业秘密被侵犯。

四、桌面终端行为审计管控工具

现在越来越多的技术资料、经营信息是以电子方式存储在公司的电脑或者服务器中，公司的计算机系统就相当于现实世界中的保险柜，但这个巨大的"电子保险柜"时刻受到来自外界的威胁，如何确保计算机系统的安全，是商业秘密保护体系建设最基础最重要的内容。此外，如果要对涉密信息外发留下传输记录，就必须要求员工使用受控的渠道向外发送涉密信息。为了保证管控措施的执行，就必须关闭不受控的信息外发渠道，包括微信、QQ 等即时通信工具，以及私人邮箱、私人 U 盘、红外、蓝牙传输等。通常情况下需要使用桌面管理软件将上述传输通道关闭。需要注意的是，微信、QQ 等即时通信工具属于点对点传输模式，很难监控留痕，所以不符信息传输安全的要求。但实践中，微信传输文件资料已经是非常普遍的现象，要想彻底禁掉在执行时往往面临很大阻力。

此外，还有一类威胁要注意，计算机遭受病毒攻击有可能造成整个系统信息的泄露，这也是商业间谍或者黑客惯用的窃密手段。从不安全网站下载软件、点击不安全的链接、接受携带病毒的邮件、计算机插入携带有病毒的 U 盘都有可能使遭受计算机病毒的攻击。为了公司信息系统的安全，通过桌面终端审计管控工具可以对计算机外接设备进行管控，阻止非注册的外接 USB 存储设备接入计算机，阻止蓝牙、红外传输，阻止用户通过网页、特定

软件（如 QQ、私人邮箱、个人网盘等）外发文件。此外还可以对不安全网站进行拦截，可以设置禁止访问特定网站，防止计算机系统中病毒。

采取这些管控措施后，比较安全的信息外发通道就剩下企业邮箱，这样不仅可以掌控外发信息的安全，对于接收的不安全邮件也可以通过杀毒软件进行统一监控，保障信息系统对外联络时的安全可控。

以案说法

可追溯的电子邮件系统有助于权利人商业秘密管理
——苏州市吴江区市场监管局查处张某某侵犯商业秘密案

2021 年 11 月，苏州市吴江区市场监管局接苏州某电子公司（权利人）举报，反映其离职员工张某某（当事人）窃取其新投产的 Mini Led 生产线相关保密资料。经查，当事人在职期间与权利人签署有保密协议，知晓公司保密区内人员严格管控、任何设备严禁携带、生产线 SOP 资料不得泄露等保密规定。2021 年 11 月，当事人在离职前以内部培训为由，指使下属利用保密区专用相机，对保密区内生产线相关资料进行拍照，并伪装成产品检查不良图片的文档，以电子邮件的形式发往公司外网电脑。当事人共将14 封邮件骗过公司审核人员，辗转至其 QQ、126 等个人邮箱，并发送给拟入职的权利人竞争对手公司。

当事人的行为违反了《反不正当竞争法》第九条第一款第（一）项、第（二）项和第二款的规定，构成侵犯他人商业秘密的行为。依据《反不正当竞争法》第二十一条的规定，吴江区市场监管局依法对当事人做出责令停止违法行为，处罚款 40 万元的行政处罚。

以案说法

记录公司系统的登录、访问、下载行为有助于权利人商业秘密管理
——深圳市某越生物技术有限公司侵犯商业秘密案

经查，深圳某越生物技术有限公司的法人代表雷某利用在权利人深圳

市某生命科技有限公司任职的工作机会，用自己的账户登录权利人公司系统，截屏权利人公司的客户信息和供应商信息38 541条，下载权利人公司产品设计图纸1 559张；并使用其中60张脑立体定位仪设计图纸、20张小鼠及幼大鼠适配器图纸，制成产品后销售给某动物所和某生物科技有限公司，销售金额共计27 300元。此外，当事人利用其员工李某在权利人公司任职期间掌握的客户名单和市场资源等商业秘密，向权利人公司的原客户群发邮件，试图进行交易。经核实，有23家公司主动联系当事人并购买了当事人的产品，金额共计88 139元。

当事人的上述行为，违反了《反不正当竞争法》第九条的规定，依据《反不正当竞争法》第二十一条规定，办案单位依法责令当事人停止违法行为，处罚款10万元。

第五节　生产中的商业秘密管理

一、生产文件管理

生产车间应制定《涉密工艺文件清单》，列明所掌握的所有涉密工艺文件名称，根据实际掌握的文件及时更新该清单，并将该清单与所有涉密工艺文件一起存放于指定的商密文件柜中；并应制定《涉密工艺文件变动记录表》，记录接收、转出、替换、借阅及归还工艺文件的情况。

对于电子档的生产流程文件，应当在设置自动同步备份的本地文件夹中编辑，确保文件实现自动实时备份，防止文件丢失。

生产流程文件包括但不限于生产过程数据报表、故障排除记录、技改文件、工艺文件、设备台账、设备维护记录、物资采购计划、日常工作总结、工作申请单、调研报告、车间会议纪要等。

生产工艺流程手册、试车方案等与生产相关的一切资料一律不得复制、外借或带出。有特殊情况的，须书面申请上报至生产部分管高层并经批准。

二、设备管理

（1）公司通过商业秘密信息管理系统对打印机、复印机、扫描仪、传真机等设备使用情况进行记录，形成日志。内部审核组每月对各车间办公自动化设备使用情况进行检查。

（2）办公自动化设备损坏需要维修的，及时报告设备管理部，由设备管理部负责联系有资质单位上门维修，不得自行联系维修人员。

（3）采用物理隔离的方式与外部互联网隔离；计算机外部接口设置为禁用。

（4）设置日志系统记录计算机访问、读写、打印等行为且永久保存。

（5）计算机设备所在房间实施 24 小时录像监控。

（6）工作区域禁用手机。

（7）该工作区域所有打印文件携出，须经专门审批流程。

三、生产经验归档

对于制造公司而言，主要生产人员均为研发和一线操作人员，在实际生产中，除了装配图纸之外，在生产过程中会产生大量的技术诀窍和生产实践经验，这对于某些高精尖产品（如发动机等）至关重要，生产装配过程几乎可以称得上是二次研发。但对于一线实际操作的工人，通常并没有专门的制度规定其把生产中积累的经验进行书面或者电子记录总结。所以，一旦有经验的一线工人离职，对企业的研制进程会产生不利影响，也会对商业秘密的安全造成一定影响。因此，鼓励一线研发和生产人员在生产环节获得技术诀窍和经验后及时归档，固化相关生产经验，形成企业的资产，是一项非常有意义的工作。

第六节　经营秘密的管理

权利人需要承担对其所主张的经营信息具有秘密性的基本举证责

任。因此在经营秘密的管理中应当注意保存具有以下特征的经营信息：
一是客户信息的特有性；二是获取客户信息的难易程度。权利人在日常
经营活动中可以重点留存权利人与客户发生交易的相关证据，如合同、
款项往来凭证等，以及能够证明权利人为开发客户信息付出一定的劳动、
金钱和努力的相关证据，如各类会议纪要、客户开发记录、客户回访记
录、客户问题处理记录等。

以案说法 ◀◀◀◀

公知信息的组织具有秘密性[1]
——金某盈侵犯商业秘密案

法院认为：经营信息的秘密性一般应由法院根据信息本身特点加以认
定，对于由多种公知信息组成的采购信息，若其组合和具体采购规格参数
不属于为公众所知悉的信息，仍应当认定为具有秘密性。

以案说法 ◀◀◀◀

客户名单构成商业秘密的要素[2]

法院认为："日福科研单位经长安福特马自达汽车有限科研单位授权在
湖南省常德市销售汽车品牌长安福特下福特品牌，对常德区域内购买福特
品牌车辆的客户信息资料掌握具有特定性，其在保养维修时，对购买车辆
的车架号、发动机号、车牌号、送修人、联系方式、维修情况等特定经营
信息编辑成特有的客户信息资料，其他不特定的任何人不付出时间、资金、
劳动是不可能获知的"，因此认定了客户名单构成商业秘密。

---

[1] 一审：浙江省瑞安市人民法院（2018）浙 0381 刑初 1234 号；二审：浙江省温州市中级人
民法院（2019）浙 03 刑终 424 号。

[2] 湖南省常宁市人民法院（2012）常民三初字第 41 号案。

以案说法 ◀◀◀◀

利用前公司经营秘密进行投标属于侵犯商业秘密❶
——甲公司与金某等人经营秘密纠纷案

原告甲公司系国内高尔夫球服务经营商，为国内金融机构的 VIP 客户提供高尔夫增值服务，其与高尔夫球场签订的约定有保密条款的协议中的合作信息，其与银行签订的协议中的合作信息，均构成商业秘密。

被告金某等三人系甲公司员工，分别担任公司球场部经理、大客户部经理等职务，于 2012—2013 年先后从甲公司辞职后入职乙公司，三人未经许可将甲公司商业秘密披露给乙公司使用。乙公司在 2013 年之前与银行等金融机构在高尔夫服务方面的合作很少，金某等 3 人入职公司后不久，乙公司即参与多家银行高尔夫服务项目投标并顺利中标，其高尔夫服务业务收入获得突飞猛进增长，侵权获利数额巨大。

在此过程中，乙公司明知金某 3 人等非法披露原告甲公司与银行合作形成的商业秘密，仍在经营中积极利用该商业秘密谋取利益。故北京知识产权法院认定乙公司及金某等 3 人实施的涉案行为侵犯了甲公司与相关银行合作中形成的商业秘密，并判令乙公司及金某等 3 人停止侵权，并赔偿经济损失和合理开支共计 799 万元。

第七节 商业秘密区域管理

一、商业秘密区域分级管理

涉密区域指存放商业秘密信息的一切场所，包括但不限于企业园区、厂房、车间、实验室、办公室、保密室、档案室、机房等。涉密区域根据

---

❶ 北京知识产权法院（2018）京 73 民终 686 号。

存放商业秘密级别不同，分为核心涉密区域、重要涉密区域和一般涉密区域。

对于研发部门、制造车间等在日常工作中经常产生、传递、使用和管理技术秘密的内部机构，集中制作、存放、保管核心技术秘密载体的场所，以及核心技术秘密产品研制、实验的场所，应当确定为核心涉密区域。对于集中制作、存放、保管重要商业秘密产品或信息的场所，以及重要技术秘密产品研制、实验的场所，应当确定为重要涉密区域。对于其他存在涉密信息的区域，应当确定为一般涉密区域。

在对商业秘密区域进行管理中，建议区分不同区域的不同管控措施及针对这些管控措施的决定主体。核心涉密区域由保密委员会确定；其他涉密区域由部门负责人确定，报保密办公室备案。各单位核心涉密区域由各单位保密委员会审定，报保密办公室备案；其他商业秘密区域由各单位自行确定，报各单位保密办公室备案。

二、常见的商业秘密区域管理措施

涉密区域应当设立具体负责人，对于场所内的商业秘密管理事故负责。

涉密区域应当安装监控摄像头。核心涉密区域应保证 24 小时无死角高清监控录像；重要涉密区域应保证 24 小时关键部位高清监控录像，如出入口、关键通道等；一般涉密区域应当根据情况选择重点监控时段与重点监控位置。监控录像至少应当保存 1 年。

进出核心涉密区域，不得携带个人通信设备、存储设备等。禁止携带的设备包括但不限于手机、个人计算机、闪存盘、磁盘、硬盘、光盘、照相机、录音机等。进出重要涉密区域，不得进行拍照、录音等。

涉密区域应当设立可读取身份信息的门禁系统，核心涉密区域还应当安装防盗报警装置，配备安保人员。

涉密区域应当采用明显的标识进行区分，以进入该区域并先注意到该标识为标准。

涉密区域应当张贴外来人员警语及员工保密提示语等。

涉及商业秘密管理的重要区域的新建、改建工程项目要符合保密要求，采取的保密防护措施应由项目负责人及保密委员会讨论确定，与工程建设同步计划、同步设计、同步建设、同步验收。

对于存放于办公室或实验室的纸质文件，应当设定责任人，并配上锁的文件柜。对于存放于生产场所的纸质工艺文件，应当采取下列管理措施：① 分段管理、代码化、固定位置及监控摄像管理。② 制作《涉密工艺文件清单》，列明所掌握的所有涉密工艺文件名称，根据实际掌握的文件及时更新该清单，并将该清单与所有涉密工艺文件一起存放于指定的商密文件柜。③ 制定《涉密工艺文件变动记录表》，记录接收、转出、替换、借阅及归还工艺文件的情况。

三、外来人员进入商业秘密区域的管理

外来人员参观访问涉密区域，应当符合公司商业秘密保护要求，并按照涉密程度进行区分管理，如对于核心涉密区域，禁止参观。对于重要涉密区域，应当报请一定级别的领导批准，要求来访人员签署《来访人员保密承诺书》，由专人全程陪同参观，并且不得离开预设参观通道。对于一般涉密区域，应当报请一定级别的领导批准后，由专人全程陪同参观。

另外，要求外来人员佩戴证件，维修人员、外包人员等长期驻场的，还要穿着可以明显识别的工作服。如有条件的，可以通过识别证件设定活动区域，在外来人员离开授权区域进入其他公司保密的情况，可以立即发现并发出警报。

第八节　商业秘密披露管理

一、发表论文、文章的商业秘密管理

一般发生公开发表论文、文章泄密的原因在于单位未制定严格的论文发表审核流程，再加上科技工作者保密意识不强，认识不到位。我国晋升职称、攻读学位的政策要求要有一定的学术成果，作者为提高投稿的命中

率，往往只重视论文的科技含量而忽视了保密问题，把研究成果的关键步骤、原理、工艺过程、技术数据等描述得十分详尽，存在泄密风险，也会阻碍科研机构就该技术申请专利的授权。

因此，科研机构应当注重论文、文章发表前的保密审查工作，在确定论文中所涉及的技术内容适合公开的情况下，再进行发表。该审批流程可以通过商业秘密管理制度进行规定，并利用 OA 系统等可以实现审批功能的系统进行节点设定，保证相关责任人逐级审批，并留存审核记录。

总体来说，除了发表论文、文章这种常见的公开渠道外，所有对外公开信息发布工作的都应当坚持"先审查后公开"的原则。例如，公司组织学术交流、员工参加学术交流、个人公开发表著作的，应当履行事前保密审查程序，执行保密提醒制度，不得在公开学术交流场合谈论、处理商业秘密事项。

以案说法

论文引用涉密信息导致泄密❶

国家安全部门在工作中发现，国内某些知名数据库网站同时刊登了一篇内容敏感的论文。经鉴定，该论文属于秘密级国家秘密。经查，论文作者为某大学研究生张某，其在帮助表弟齐某解决某涉密工程研发的技术难题时，擅自复制了该工程有关算法的部分资料，带回学校进一步研究。后来，张某在撰写毕业论文时，经征求齐某同意，将上述算法为写作素材，加工整理写入论文。答辩结束后，学校按照论文数据库共建协议，通过有关单位将论文刊载在这些数据库网站上，造成泄密。事件发生后，有关部门给予齐某党内警告处分，对张某进行批评教育。

二、对外合作的商业秘密管理

对外合作是企业发展中不可或缺的，但同时也是商业秘密泄露的重要风险环节。企业在开展对外合作时，要做到以下内容的商业秘密管理。

---

❶ 《涉密人员发表文章、著作有哪些保密要求？》https://www.hf.cas.cn/zncs/aqbmc/bmjy/202012/t20201231_5849046.html.

1. 合作伙伴调查

企业与其他企业合作时，会涉及商业秘密的披露。要防止合作方将商业秘密泄露给竞争对手，应当在新客户开发或技术合作开发评审阶段，对其保密体系建设情况进行了解或调查，内容包括且不限于保密组织、保密制度、保密运行与保障机制、保密文化等，对于非常重要的项目也可委派第三方专业机构调查。

2. 磋商阶段注重保密

在需求沟通阶段，企业需要向商业合作伙伴提供或展示涉密资料时，要判断必要性，对于必须要披露的，应在涉密资料的醒目位置做出保密提示，并对文件进行加密处理。如果涉及非常核心的保密信息，在磋商阶段就应当要求对方签署保密协议。

3. 保密协议的签署

在确定合作意向后，双方应当签署保密协议并约定保密义务。应当约定明确的违约金，降低举证难度。协议中还应当约定商业秘密信息的交付方式、使用期限、使用范围、信息回收等重要条款。

4. 商业秘密信息的披露

在商业秘密信息向合作方交付时，注意采用可以留痕，可以追溯的方式，如邮箱或者双方签字确认的纸质签字文件，作为以后发生纠纷的重要的"接触"证据。另外，对于图纸、零件、代码、样本等交付物，可以在其中应适当加入识别标志。识别标志可以是图纸中无意义的编号、可以是代码中故意留下的 bug，也可以是生物样本中的标记基因。在他人不法获取技术秘密时，只要识别出其中包含识别标志，将推翻侵权者的自行研发抗辩或反向工程抗辩，便于权利人证明侵权行为的存在。

以案说法 ◀◀◀◀

未采取保密措施导致难以维权
——太原市中级人民法院发布侵犯商业秘密纠纷典型案例

2018 年 1 月，太原市发展和改革委员会批准建设太原市太山景区舍利塔建设及中轴线增改项目。4月被告A保管所向山西某科贸公司签发了相关委托书，将案涉工程交由该科贸公司设计。后该科贸公司向被告某保管所出具了改造项目设计方案。2019年10月，招标人被告A保管所对太山景区舍利塔建设及中轴线增改项目安防工程进行招标发布招标公告，被告B公司中标。中标后，被告B公司开始了项目施工，并于12月完成竣工验收。该案原告C公司主张两被告恶意串通，使得其向山西某科贸公司购买使用的案涉安防系统工程设计图纸及方案被B公司非法持有并实施，严重侵害其商业秘密。

　　法院认为：该案原告在明知案涉设计图纸及方案具有商业价值的情况下，未在合同中约定保密义务，设立保密标志，也未另行签署保密协议或采取其他保密措施，因此不能认定为商业秘密。

以案说法 ◀◀◀◀

保密措施应适当

　　根据最高人民法院〔2012〕民监字第253号裁判观点，仅根据合同附随义务中的保密义务不能认定权利人采取了适当的保密措施。

　　尽管根据合同法规定，当事人不论在合同的订立过程、履约过程，还是合同终止后，对其知悉的商业秘密都有保密、不得泄露或者不正当使用的附随义务。但合同的附随义务与商业秘密的权利人对具有秘密性的信息采取保密措施是两个不同的概念。商业秘密是通过权利人采取保密措施加以保护而存在的无形财产，具有易扩散、易转移及一经公开永久丧失等特点，保密措施是保持、维护商业秘密秘密性的手段。作为商业秘密保护的信息，权利人必须有将该信息作为秘密进行保护的主观意识，而且还应当实施了客观的保密措施，这是因为商业秘密既然是通过自己保密的方式产生的权利，如果权利人自己都没有采取保密措施，就没有必要对该信息给予保护，这也是保密措施在商业秘密构成中的价值和作用所在。而派生于诚实信用原则的合同的附随义务，是根据合同的性质、目的和交易习惯履行的附属于主债务的从属义务，其有别于商业秘密构成要件"保密性"这种积极的行为，并不体现商业秘密权利人对信息采取保密措施的主观愿望及客观措施。

以案说法 ◀◀◀◀

当事人约定违约金可作为赔偿数额[1]
——宁波永贸时代进出口有限公司诉王某中侵害商业秘密纠纷案

客户信息包括客户的名称、地址、联系方式及交易习惯、意向、内容等信息。原、被告通过协议、书面确认等方式明确了原告客户信息的具体内容、被告承担保密责任的范围，被告在离职后违反保守原告商业秘密的义务，使用该客户名单等商业秘密与原告客户进行交易，侵害了原告的商业秘密。在双方就违反保密义务所应承担的违约金及计算方式已作约定的情况下，原告可主张适用当事人意定违约金作为赔偿数额，无须再就原告因侵权行为所遭受的损失或被告因侵权所获利润进行举证。

三、国际技术交流与合作中的商业秘密管理

近年来，我国对于科技创新的关注度和知识产权保护力度逐渐加强，但是创新主体仍然面临诸多困境，特别是在科研管理中知识产权保护意识还存在欠缺的情况下，创新主体参与国际科技交流合作成为了商业秘密风险高发区。

基于国际科技交流合作中遇存在的商业秘密合规风险，科研单位与科技型企业等创新主体应当从以下几个方面进行提高与完善。

（1）提高科技工作者的保密合规意识。保密意识先行是保密合规管理的首要条件，只有意识到某种行为会引发商业秘密纠纷风险，才能进一步对其采取相应管理措施。例如，科技工作者往往由于缺乏保密意识，把在研成果通过学术论文、会议的方式进行公开，这种行为将直接导致技术内容丧失保密性。因此，要通过系统化的合规培训及制度宣贯来强化合规意

77

---

[1] 浙江省宁波市鄞州区人民法院（2019）浙 0212 民初 11565 号。

识，增强科技工作者主动识别风险的能力。

（2）签署保密协议。进行国际科技交流合作前应当签署保密协议，并建立合作过程中信息披露的审核规则。保密协议的签订应当经过审批流程，保密协议的内容应当包括保密范围、双方权利义务及违约责任等重点条款。披露的具体内容也应当经过保密审核后再行发送。

（3）保密信息交换做到规范管理。在信息交换的过程中，应当约定固定的联系人和联系邮箱，保证过程可追溯；对于披露和接收的商业秘密内容应当留有记录，包括商业秘密内容、披露接受时间、渠道、对接人等。

（4）注重人员流动中的商业秘密保护与风险防控。创新主体在引入人才时应当评估引进风险、与员工签署保密协议、约定背景技术的使用方式等内容，涉及单位之间权利处置的，还应当明确权利归属及利益分配规则。人员离职的，要通过保密评估、离职交接、权限收回和审计等方式来防控商业秘密流失风险。

四、人才引进过程中的商业秘密管理

1. 人才引进的相关背景调查

一是了解员工之前的工作单位、岗位、工作内容。同领域、担任高级岗位、与本公司具有类似工作内容的员工风险更高。

二是了解员工学历、毕业院校、专业及研究方向，了解其在校期间实习情况或参与的重要项目。学历越高、与本公司研究方向越契合的员工风险更高，对此类员工应当详细询问其参与的项目、在项目中的贡献等。

三是了解员工是否与前工作单位签署保密协议、竞业限制协议。如有签署，请其提供相关协议内容，由商密委员会及商密办公室评估违约风险。

四是了解员工与其他公司是否有知识产权诉讼纠纷。如有纠纷，则风险较高。具体纠纷由商密委员会及商密办公室评估是否对公司有影响。

五是对于风险较高的员工，由商业秘密的主管机构评议后决定是否录用。

除询问外，还可以通过以下方式查询验证：① 搜索引擎查询。关键词为"员工姓名+公司""员工姓名+项目名称""员工姓名+学校名称"等。② 在

国家知识产权局网站查询以该员工为发明人的专利。③ 在知网及本领域常用的其他期刊网站查询该员工发表的期刊文章。④ 通过中国裁判文书网（https://wenshu.court.gov.cn/）查询验证。

2. 风险人员隔离

对于有商业秘密侵权风险的员工，即使采用不挂名的方式参与风险项目的研发，同样会带来侵权风险。因此应当尽量避免风险人员参与相关项目的研发工作来规避风险。

以案说法

招聘权利人离职员工后短期内产生的研发成果可能涉及侵权[1]

在仟游科研单位等诉徐某、肖某等侵害技术秘密纠纷案中，原告离职员工成立新科研单位，并在短期内上线运营了一款与原告十分类似的游戏，但是权利人并不掌握类似游戏相关代码的具体情况。法院在该案中则根据合理的举证责任分配，促使双方当事人交替履行证明责任，最终将诉讼不利后果归责于未履行证明责任的一方。

广东省高级人民法院生效判决认为，仟游科研单位、鹏游科研单位作为权利人，已穷尽收集证据的途径，但客观上无法收集到证明待证事实的直接证据。鉴于该案被诉游戏是在被诉侵权人离职后短期内上线运营的同类游戏，且被诉的两家科研单位不具备开发软件的客观条件。被诉游戏软件源代码仅由策略科研单位和南洋科研单位持有，客观上有提供相关证据的能力。依法院指令如实提供被诉游戏源代码，是其法定义务。被诉侵权人不如实提供该证据，应当承担相应的后果，即认定权利人主张的侵权事实成立，并支持赔偿经济损失及合理维权费用共计 500 万元。

79

---

[1] 广东省高级人民法院（2019）粤知民终 457 号。

第四章

商业秘密维权策略

第一节　密点确认与证据收集

一、密点的概念

商业秘密的密点是在诉讼中需要明确确认的内容，代表了商业秘密的保密范围，并揭示了商业秘密的特征。技术秘密的保密范围是指区别于公知信息的具体技术方案或技术信息，包括设计、程序、产品配方、制作工艺、制作方法等。经营信息的保密范围是指区别于公知信息的特殊经营信息，包括管理诀窍、客户名单、货源情报、产销策略、招投标中的标底及标书内容等。

在诉讼过程中，需要对密点进行明确，但这并不意味着在起诉状中就要对商业秘密的范围进行不允许更改的限定。根据最高人民法院的裁判观点，在商业秘密侵权纠纷审判实践中，参加诉讼的原告即商业秘密权利人内部的技术人员、法务人员、管理人员或者外请的代理律师会对商业秘密范围有不同的理解，甚至同一诉讼参加人随着诉讼进程的推进，对商业秘密范围也会有不同的认识。❶人民法院审理商业秘密侵权纠纷首先需要做的工作就是由原告固定商业秘密的范围。这是商业秘密侵权纠纷不同于其他知识产权侵权纠纷的特殊之处。因此，权利人可以充分利用商业秘密的特

---

❶ 最高人民法院（2015）民申字第 2035 号。

性，在诉讼过程中对商业秘密进行明确。但是，应该考虑到该明确商业秘密密点的过程不能影响被告的程序利益，因此至少应当在一审法庭辩论结束前进行明确。

二、证明密点符合商业秘密构成要件的证据

权利人在收集密点证据有困难时，可以申请法院进行证据保全或者由具有鉴定资质的鉴定机构对密点满足秘密性进行鉴定。例如，在金某盈侵犯商业秘密案❶中，法院认为：对于技术信息的秘密性可以进行鉴定，法院应对司法鉴定程序和结论进行审查后作出采纳与否的决定，并可以通知鉴定人出庭作证；法院还应认真比对被告人及其辩护人提交的相反证据，以排除所涉技术信息为"公众所知悉"。

商业秘密是指不为公众所知悉、具有商业价值并经权利人采取相应保密措施的技术信息、经营信息等商业信息。因此，权利人在诉讼中所主张的密点需要满足"不为公众所知悉""具有商业价值"和"经权利人采取相应的保密措施"三个要件。

1. 不为公众所知悉（秘密性）

有关信息不为其所属领域的相关人员普遍知悉和容易获得，即"不为公众所知悉"。证明"不为公众所知悉"常见做法是由司法鉴定机构出具司法鉴定法律意见。

目前，《反不正当竞争法》降低了原告证明秘密性的要求。在侵犯商业秘密的民事审判程序中，商业秘密权利人提供初步证据，证明其已经对所主张的商业秘密采取保密措施，且合理表明商业秘密被侵犯，涉嫌侵权人应当证明权利人所主张的商业秘密不属于该法规定的商业秘密。

商业秘密权利人提供初步证据合理表明商业秘密被侵犯，且提供以下证据之一的，涉嫌侵权人应当证明其不存在侵犯商业秘密的行为：

（1）有证据表明涉嫌侵权人有渠道或者机会获取商业秘密，且其使用的信息与该商业秘密实质上相同；

---

❶ 一审：浙江省瑞安市人民法院（2018）浙 0381 刑初 1234 号；二审：浙江省温州市中级人民法院（2019）浙 03 刑终 424 号。

（2）有证据表明商业秘密已经被涉嫌侵权人披露、使用或者有被披露、使用的风险；

（3）有其他证据表明商业秘密被涉嫌侵权人侵犯。

《最高人民法院关于审理侵犯商业秘密民事案件适用法律若干问题的规定》第四条对于"不为公众所知悉"进行了反面排除：

"具有下列情形之一的，人民法院可以认定有关信息为公众所知悉：（一）该信息在所属领域属于一般常识或者行业惯例的；（二）该信息仅涉及产品的尺寸、结构、材料、部件的简单组合等内容，所属领域的相关人员通过观察上市产品即可直接获得的；（三）该信息已经在公开出版物或者其他媒体上公开披露的；（四）该信息已通过公开的报告会、展览等方式公开的；（五）所属领域的相关人员从其他公开渠道可以获得该信息的。将为公众所知悉的信息进行整理、改进、加工后形成的新信息，符合本规定第三条规定的，应当认定该新信息不为公众所知悉。"

对于不为公众所知悉的认定，商业秘密的司法鉴定应当遵循如下程序：① 涉案客体的认定；② 权利人所称的具有商业秘密性质的客体的认定；③ 涉案客体与认定的商业秘密性质的客体的同一性的认定；④ 权利人所称的商业秘密是否有效的认定；⑤ 被控侵权人的认定；⑥ 被控侵权人所掌握涉案信息的来源的认定；⑦ 被控侵权人是否采取不正当手段的认定；⑧ 作出鉴定结论。

2. 具有商业价值（价值性）

《最高人民法院关于审理侵犯商业秘密民事案件适用法律若干问题的规定》第七条对于"价值性"的规定为："权利人请求保护的信息因不为公众所知悉而具有现实的或者潜在的商业价值的，人民法院经审查可以认定为反不正当竞争法第九条第四款所称的具有商业价值。生产经营活动中形成的阶段性成果符合前款规定的，人民法院经审查可以认定该成果具有商业价值。"

3. 保密措施（保密性）

《最高人民法院关于审理侵犯商业秘密民事案件适用法律若干问题的规定》第六条对于"保密性"进行了列举："具有下列情形之一，在正常情况下足以防止商业秘密泄露的，人民法院应当认定权利人采取了相应保密措施：（一）签订保密协议或者在合同中约定保密义务的；（二）通过章程、培训、规章制度、书面告知等方式，对能够接触、获取商业秘密的员工、前员工、供应商、客户、来访者等提出保密要求的；（三）对涉密的厂房、车间等生产经营场所限制来访者或者进行区分管理的；（四）以标记、分类、隔离、加密、封存、限制能够接触或者获取的人员范围等方式，对商业秘密及其载体进行区分和管理的；（五）对能够接触、获取商业秘密的计算机设备、电子设备、网络设备、存储设备、软件等，采取禁止或者限制使用、访问、存储、复制等措施的；（六）要求离职员工登记、返还、清除、销毁其接触或者获取的商业秘密及其载体，继续承担保密义务的；（七）采取其他合理保密措施的。"

可以看出满足保密性需要权利人主观上将信息作为秘密保护，并在实际中采取了具体的保密措施。例如，在劳动合同、技术转让合同、购销合同中设立了保密条款；让员工和贸易伙伴承担保密义务；在单位内部制定商业秘密管理规定，规定商业秘密的使用、保管和销毁方法；对外单位参观人员实行登记、采取限制措施等。

合理的保密措施是商业秘密构成要件之一。尽管目前司法实践在认定商业秘密是否构成时，对保密措施的要求并不苛刻，甚至从默示义务的角度去谅解那些没有采取必要措施的取利人，但是从商业秘密管理角度出发，保密措施仍然是商业秘密管理和保护的最重要的方法。

法条索引 ◀◀◀◀

《反不正当竞争法》第 32 条（节选）

第三十二条　在侵犯商业秘密的民事审判程序中，商业秘密权利人提供初步证据，证明其已经对所主张的商业秘密采取保密措施，且合理表明商业秘密被侵犯，涉嫌侵权人应当证明权利人所主张的商业秘密不属于本法规定的商业秘密。

商业秘密权利人提供初步证据合理表明商业秘密被侵犯，且提供以下

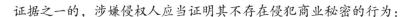

证据之一的，涉嫌侵权人应当证明其不存在侵犯商业秘密的行为：

（一）有证据表明涉嫌侵权人有渠道或者机会获取商业秘密，且其使用的信息与该商业秘密实质上相同；

（二）有证据表明商业秘密已经被涉嫌侵权人披露、使用或者有被披露、使用的风险；

（三）有其他证据表明商业秘密被涉嫌侵权人侵犯。

以案说法

当事人可申请法院对商业秘密案件进行证据保全[1]

原告 A 公司系油气勘探开发技术服务商，为石油公司发现油气藏、提高钻井成功率和油气藏开发提供解决方案。其在该案中主张石油微生物勘探技术领域部分信息构成技术秘密。

根据 A 公司的申请，北京知识产权法院于 2017 年 10 月 16 日前往 B 公司办公场所进行证据保全，对部分笔记本电脑内数据进行复制，并对纸质文件《地质微生物勘探野外采集技术规程》等进行保全。北京知识产权法院认定包括上述保全的《地质微生物勘探野外采集技术规程》文件在内的多项信息侵犯了 A 公司的技术秘密，最终判令 B 公司等停止侵权，并赔偿经济损失和合理开支共计 75 万元。

以案说法

鉴定并非商业秘密认定的必要程度[2]

根据现有证据可以认定，涉案假人模型由点构成元素，由元素构成部件，部件由材料、属性信息等来定义，其中每个点均为一个不同的数据，可以说每个点所对应的数据是假人模型的基本构成要素。这些数据需要假人模型文件打开运行时才能得以直观体现，相关公众不可能在公开渠道获

---

[1] 北京知识产权法院（2017）京 73 民初 1382 号。

[2] 无锡市中级人民法院（2015）锡知民初字第 251 号。

得上述数据，这是显而易见的。

如果通过对涉案技术信息性质的分析、理解及掌握该信息的运用原理及功能实现途径后，结合此类技术信息在客户使用过程中的诸多条件制约等因素，足以形成其具有非公知性的内心确信，可以不通过鉴定而直接认定涉案技术信息为非公知技术。

以案说法 ◀◀◀◀

商业秘密应当具有秘密性[1]

浦东法院经审理认为，就百花公司主张的商业秘密，对教学方法和教学资料，……内容或属于公有领域，或通过书籍、免费试听课、教学点及网站等途径公开，不能作为商业秘密保护。

该案原告主张将涉案教案作为商业秘密进行保护，但教案内容通过公开出版的书籍、免费试听课、开放式教学点等途径已被公开，故不符合作为商业秘密保护的构成要件。

以案说法 ◀◀◀◀

商业秘密范围的认定[2]

一审、二审法院以鑫富公司在一审庭审中概括的商业秘密范围为准对该案进行了审理并作出裁判。在商业秘密侵权纠纷审判实践中，参加诉讼的原告即商业秘密权利人内部的技术人员、法务人员、管理人员或者外请的代理律师会对商业秘密范围有不同的理解，甚至同一诉讼参加人随着诉讼进程的推进，对商业秘密范围也会有不同的认识。人民法院审理商业秘密侵权纠纷首先需要做的工作就是由原告固定商业秘密的范围。这是商业秘密侵权纠纷不同于其他知识产权侵权纠纷的特殊之处。人民法院根据原告固定后的商业秘密范围进行审理和裁判，只要不影响

85

---

[1] 上海知识产权法院（2015）沪知民终字第 643 号。

[2] 最高人民法院（2015）民申字第 2035 号。

被告的程序权利，应当允许，不构成超出诉讼请求裁判。新发公司的相应申请再审理由不能成立。人民法院根据原告固定后的商业秘密范围进行审理和裁判，只要不影响被告的程序权利，应当允许，不构成超出诉讼请求裁判。

以案说法 ◀◀◀◀

商业秘密使用者应当留存商业秘密来源的相关证据证明[1]

首先，搏盛种业公司对被诉侵权种子是其合法获得或者通过自主繁育取得的主张有责任提供证据证明。对于合法获得的问题，搏盛种业公司未提交"W68"的交易记录或者获得信息，其生产繁殖"W68"所用育种材料的来源无据可查；对于自主繁育问题，如前所述，搏盛种业公司既无证据证明其持有选育"W68"的万2选系和万6选系，也无证据证明其被诉侵权种子是由其他育种选系选育而来。搏盛种业公司不能提供被诉侵权种子的任何购买或自主繁育记录，其关于"W68"是合法取得的上诉主张，缺乏事实依据，法院不予支持。其次，搏盛种业公司主张其种植"W68"属于科研行为，然而，其并没有提交被诉侵权种子与科研育种相关的任何育种计划、育种记录或者委托育种合同。

三、根据实质性相似标准判断被侵犯的商业秘密密点

实质性相似标准来源于著作权法上的侵权比对规则，类似的，专利法上有"等同"标准作为比对规则。

较之专利侵权比对的"等同"标准，"实质性相似"的标准更适用于作为商业秘密实质上相同标准的参照。一方面，专利权覆盖对象的内容和范围具有法定性和明确性，这是"等同"标准适用的前提，而著作权覆盖对象的内容和范围则无此特点，商业秘密亦同。另一方面，由于专利的内容已经被公开，公众可以合法获取，因此专利法规制的通常不是获取手段的

---

[1] 最高人民法院（2022）最高法知民终 147 号。

非法性，而是基于公开换垄断的原则，要求公众在进行实施时对权利要求限定的内容进行避让，即未经许可时，其实施内容不得落入权利要求限定的范围内。所以，在对专利内容进行比对时，并不将来源的一致性作为判断标准，即使被诉侵权内容来源于主张权利的专利内容，只要部分内容实质不同，便不构成等同。对于商业秘密而言，反不正当竞争法所规制的主要是获取手段的不正当性，并限制以之为前提的后续行为。

著作权法规制的路径与反不正当竞争法中商业秘密保护条款规制的路径十分类似，其规制的主要是剽窃行为及基于剽窃而产生的后续行为。商业秘密和著作权领域比对被诉内容与主张权利内容的作用均在于推定来源一致，即被诉内容实际应属于相应的权利人。因此，"实质上相同"和"实质性相似"标准一样，均主要把来源的一致性作为判断标准，无论存在何种的转化，只要能基于某一层面的相同进而确信被诉内容来源于主张权利的内容，就可以满足上述标准。综上，无论从权利内容还是规制路径，商业秘密比对的"实质上相同"标准均更倾向于著作权比对的"实质性相似"标准。

在具体适用上，为了在商业秘密侵权比对中满足实质性相似要求，在密点的确认上应当注重和侵权产品或者技术方案的对应关系。特别是在涉及复杂技术类商业秘密案件中，技术密点往往来自某个完整技术项目的一部分，如何在大型项目中精准地锁定密点，就是通过判断能够收集到的侵权证据与哪个技术细节更加接近"实质性相似"的判断标准。

第二节　适时启动刑事程序

涉及商业秘密案件不仅包括民事侵权案件，在满足一定条件下也有可能构成刑事案件。在满足刑事立案的标准下，启动刑事程序，不仅能够更有效地推进案件，在刑事程序中收集到的证据、认定的事实也能对民事案件有所帮助。

一、借助刑侦手段收集、固定证据

通过刑事侦查手段收集固定证据会比自行收集更加高效、准确，特别是一些只有对方掌握的证据也只能通过刑事侦查手段获取，无法自行收集，需要借助公安机关强有力的手段和措施。

在刑事案件中，可以采用讯问或询问的方式向案件有关的人了解情况，如犯罪嫌疑人、所在单位员工及领导、侵权产品生产者和销售者等；对犯罪嫌疑人采取强制措施，防止其逃跑或者毁灭证据；通过搜查、扣押、查询、冻结等措施收集并固定证据；采用技术措施进行侦查，对犯罪嫌疑人的计算机、U盘、移动硬盘、电子邮件等介质和手机进行扣押、检查。

涉及刑事案件的，公安机关也会对收集到的证据进行进一步司法鉴定，判断是否符合刑事案件标准。例如，对犯罪嫌疑人使用的技术方案、配方等是否与商业秘密权利人的技术秘密具有一致性；对商业秘密权利人的研发投入、损失数额，以及犯罪嫌疑人侵权的非法所得数额进行鉴定，确定是否造成"重大损失"或"特别严重后果"等。

二、刑民并举，刑事证据用于民事诉讼

综上所述，在刑事程序中，公安机关可以利用侦查手段进行证据收集，这是在民事案件中很难甚至无法获得的。但是刑事程序中的证据也可在民事案件中使用，对于在先刑事判决及裁定认定的事实，除非有相反证据足以推翻，商业秘密权利人无须再次举证证明。

民事诉讼的目的与刑事诉讼不同，认定某一具体事实所应达到的证明程度，即证据的证明标准与刑事诉讼亦不同。刑事案件强调犯罪事实清楚，证据确凿充分，民事案件采行高度盖然性规则，可在一定证据基础上，根据日常生活经验综合判断进行推定。因此会存在即使没有认定构成刑事案件，但相关侵权行为有可能构成民事侵权的情形。

以案说法 ◄◄◄◄

商业秘密侵权案件的刑民并举[1]

武某军在大山公司任职期间利用职务便利，秘密窃取并带走了技术图纸等资料。2009—2010 年年初，蒋某辉、武某军合作成立双益公司，生产销售与大山公司相同的冷芯机产品。大山公司遂以侵犯商业秘密罪为由向公安机关报案。该刑事案件以"由于不能排除涉案两项技术信息已经被使用公开的合理怀疑，原审判决认定涉案技术信息属于商业秘密继而认定蒋某辉、武某军构成侵犯商业秘密罪有误"为由，最终判决蒋某辉、武某军无罪。大山公司遂提起该案民事诉讼，要求三被告承担侵犯技术秘密的民事责任。

法院认为：刑事判决系依刑事诉讼的证据采信及定罪量刑规则作出，并非适用民事诉讼裁判规则，不直接产生对民事诉讼中的证据采信与否的效力。且在先刑事案件所针对的两项技术信息并非该案中所诉争的技术信息，被告据此否定该案诉争技术信息的非公知性，不能成立。三被告侵犯原告大山公司商业秘密，构成不正当竞争，在非法获取、披露、使用原告大山公司技术秘密的行为上具有共同性和一致性，构成共同侵权，一并承担相应侵权责任。

三、刑事案件对潜在侵权者具有威慑力

刑事案件立案门槛高，但优势在于一旦进入刑事侦查阶段，会给侵权者较大威慑力，可以起到"杀一儆百"的效果，防止类似的商业秘密侵权案件再次发生。特别是在企业刚开始建立商业秘密保护体系时，员工往往没有建立较强的保密意识，离职员工或者合作伙伴将企业商业秘密用于其他单位的情形屡见不鲜。在这种情况下，若通过一个刑事案件明确此类行为的后果，在企业商业秘密管理上将起到事半功倍的效果。在刑事案件中

---

[1] 苏州市中级人民法院（2009）苏 05 知初 372 号。

不仅有可能令侵权方承担刑事责任，通过刑事附带民事诉讼的途径也可以使企业的利益损失获得一定程度上的补偿，对企业来说是很高效的诉讼策略。

以案说法 ◄◄◄◄

被告人赵某原系某疏浚技术装备公司销售部员工，在该公司工作期间，私自将大量公司文件存储于移动硬盘内，并在离职后带离公司，其中包括涉案技术信息及图纸。❶经鉴定，该设计图所记载的技术信息不为公众所知悉。某疏浚技术装备公司曾通过签订劳动合同、员工手册、发送邮件、设置电脑开机提醒等多种方式对公司的商业秘密采取了保护措施，并且为该项目向国外某公司支付整体设计费。某疏浚技术装备公司向公安机关报案后，被告人赵某被抓获归案，如实供述犯罪事实，自愿认罪认罚。

被告人赵某在某疏浚技术装备公司工作期间，违反有关保守商业秘密的要求，未经授权进入计算机信息系统，采取复制等非法方式获取权利人的商业秘密，情节严重，其行为已构成侵犯商业秘密罪。公诉机关指控的罪名成立，法院予以支持。被告人赵某到案后如实供述自己的罪行，系坦白，且自愿认罪认罚，依法可从轻处罚。被告人赵某非法获取商业秘密后尚未披露、使用，可酌情从轻处罚。为依法打击侵犯商业秘密刑事犯罪，维护市场经济秩序，综合考虑被告人赵某的犯罪事实、性质、情节及对社会的危害程度，法院依法判决被告人赵某犯侵犯商业秘密罪，判处有期徒刑十个月，并处罚金人民币 6 万元。在案扣押未随案移送的物品，由扣押机关依法处理。

该案是天津市首例以合理许可费确定损失数额的案件。该案解决了司法实践中长期存在的单纯获取型侵犯商业秘密行为入罪难的现实问题。该案的审判彰显了人民法院依法打击侵犯知识产权犯罪、加大知识产权保护力度、积极营造法治化营商环境的司法态度。

---

❶ 此案例参见《2021 年天津法院知识产权典型案例》。

以案说法 ◀◀◀◀

已发生效力的裁判可作为证据❶

已为人民法院发生法律效力的裁判所确认的事实，当事人无须举证证明，当事人有相反证据足以推翻的除外。因此，在先刑事判决及裁定认定的事实，除非新发公司有相反证据足以推翻，鑫富公司无须举证证明。新发公司以其不是在先刑事案件的当事人为由主张在先刑事判决及裁定认定的事实不能当然作为本案的事实，该主张没有法律依据，不予支持。

法条索引 ◀◀◀◀

《刑法》（节选）

第二百一十九条　【侵犯商业秘密罪】有下列侵犯商业秘密行为之一，情节严重的，处三年以下有期徒刑，并处或者单处罚金；情节特别严重的，处三年以上十年以下有期徒刑，并处罚金：

（一）以盗窃、贿赂、欺诈、胁迫、电子侵入或者其他不正当手段获取权利人的商业秘密的；

（二）披露、使用或者允许他人使用以前项手段获取的权利人的商业秘密的；

（三）违反保密义务或者违反权利人有关保守商业秘密的要求，披露、使用或者允许他人使用其所掌握的商业秘密的。

明知前款所列行为，获取、披露、使用或者允许他人使用该商业秘密的，以侵犯商业秘密论。

本条所称权利人，是指商业秘密的所有人和经商业秘密所有人许可的商业秘密使用人。

第二百十一九条之一　【为境外窃取、刺探、收买、非法提供商业秘密

❶ 最高人民法院（2015）民申字第 2035 号。

罪】为境外的机构、组织、人员窃取、刺探、收买、非法提供商业秘密的，处五年以下有期徒刑，并处或者单处罚金；情节严重的，处五年以上有期徒刑，并处罚金。

第二百二十条　【单位犯侵犯知识产权罪的处罚规定】单位犯本节第二百一十三条至第二百一十九条之一规定之罪的，对单位判处罚金，并对其直接负责的主管人员和其他直接责任人员，依照本节各该条的规定处罚。

第三节　商业秘密行政维权

一、商业秘密行政维权的概念

商业秘密行政维权是指权利人通过向行政机关提出处理请求的方式获得行政法上救济。具体是通过工商行政管理机关作为不正当竞争行为的主管机关，对侵犯商业秘密行为进行行政处理。根据《反不正当竞争法》《国家工商行政管理局关于禁止侵犯商业秘密行为的若干规定》和《工商行政管理机关行政处罚程序暂行规定》，当企业认为其商业秘密受到侵害，可向工商行政管理机关申请查处侵权行为，如侵权人侵权行为成立，其应当承担相应的行政责任。企业因损害赔偿问题也可向工商行政管理机关提出调解请求，工商行政管理机关应当进行调解。企业可以直接向人民法院起诉，请求损害赔偿。

二、行政机关主持下的调解

虽然行政机关不能判处侵权者向权利人支付侵权损害赔偿，但可以主持双方进行调解，并且通过强制执行公证或者司法确认途径进一步确认调解协议的效力。

《最高人民法院、司法部关于公证机关赋予强制执行效力的债权文书执行有关问题的联合通知》规定的公证机关赋予强制执行效力的债权文书的范围中，明确包括"以给付赔偿金为内容的协议"，而商业秘密案件的行政调解中达成的关于给付商业秘密侵权赔偿金的协议属于以给付赔偿金为内容的协议，因此可以适用公证债权文书的相关规定对其进行强制执行公证。

根据《中华人民共和国民事诉讼法》第二百零五条，经依法设立的调解组织调解达成调解协议，申请司法确认的，由双方当事人自调解协议生效之日起三十日内，共同向人民法院提出。因此，行政机关处理商业秘密侵权纠纷过程中，在查明事实的基础上，可以根据双方当事人的调解意愿进行调解，双方当事人可以就达成的调解协议向人民法院申请确认其效力。经过司法确认程序赋予调解协议强制执行力，有助于解决调解协议执行难问题。另外，调解协议司法确认实行一审终审，提升了保护效率，强化了行政保护和司法保护的有机衔接。

三、借助行政维权收集、固定证据

在行政维权过程中，行政机关在行使公权力时有权直接进行调查取证，如直接进入侵权方的厂区查看侵权行为并固定证据，或者通过查封、扣押侵权产品的方式制止侵权行为。在权利人通过行政查处程序获得相应证据后，也可以将相关证据用于民事诉讼，请求法院判处侵权方支付侵权损害赔偿金。

以案说法 ◀◀◀◀

借助行政执法进行商业秘密维权
——无锡江阴市市场监管局查处江阴市某特种钢丝公司、
黄某及王某某侵犯商业秘密案

2021 年 10 月，江阴市市场监管局接某外资企业（权利人）举报，称江阴市某特种钢丝公司、黄某及王某某（当事人）涉嫌侵犯其商业秘密，要求查处。经查，黄某、王某某为权利人前员工。离职后，黄某注册新公司江阴市某特种钢丝公司，王某某为该公司提供生产技术设备的关键模具图纸。该公司随后开始生产与权利人相同产品三角丝。经鉴定，该公司生产现场所用设备的技术要点与权利人的技术要点特征实质相同。2019 年 1 月至 2022 年 3 月，该公司共销售三角丝产品 772 972.42kg，不含税金额为 21 543 125.71 元，含税金额为 24 264 116.46 元。经审计计算，权利人因被侵权造成销售利润的损失为 17 793 040.20 元。

3 位当事人的行为违反了《反不正当竞争法》第九条的规定，给商业秘密权利人造成损失数额达到 17 793 040.20 元，符合《最高人民法院、最高人民检察院关于办理侵犯知识产权刑事案件具体应用法律若干问题的解释（三）》第四条规定的立案追诉标准，江阴市市场监管局依法将该案移送公安机关立案处理。

法条索引

《反不正当竞争法》（节选）

第二十一条　经营者以及其他自然人、法人和非法人组织违反本法第九条规定侵犯商业秘密的，由监督检查部门责令停止违法行为，没收违法所得，处十万元以上一百万元以下的罚款；情节严重的，处五十万元以上五百万元以下的罚款。

第四节　侵犯商业秘密行为的认定

根据《反不正当竞争法》第九条的规定，民事上侵犯商业秘密的行为有以下几种：① 以盗窃、贿赂、欺诈、胁迫、电子侵入或者其他不正当手段获取权利人的商业秘密；② 披露、使用或者允许他人使用以前项手段获取的权利人的商业秘密；③ 违反保密义务或者违反权利人有关保守商业秘密的要求，披露、使用或者允许他人使用其所掌握的商业秘密；④ 教唆、引诱、帮助他人违反保密义务或者违反权利人有关保守商业秘密的要求，获取、披露、使用或者允许他人使用权利人的商业秘密。结合以上侵犯商业秘密行为，可以总结出以下成立商业秘密侵权行为的典型模式。

一、以不正当手段获取他人商业秘密

盗窃、贿赂、欺诈、胁迫、电子侵入或其他不正当手段获取商业秘密的，获取行为本身是主动行为且具有可责难性，因此无论其是否负有保密义务，均属于被法律规制的行为。典型的以"不正当手段"窃取机密文件或资料包括：入侵公司或个人的计算机系统，获取机密文件、源代码、设计图纸等敏感信息的案例，如黑客入侵一家公司的服务器，窃取其客户名单和产品设计图纸；也包括一些非法途径，如使用监听、监控或其他间谍活动来获取竞争对手的商业秘密。"不正当手段"也包括贿赂或胁迫等行为，典型的是以金钱、威胁或其他手段，迫使员工或合作伙伴泄露商业机密，如公司通过支付贿赂款给供应商，以获取其竞争对手的机密报价信息。

"以不正当手段"获取他人商业秘密还要注意区分获取的对象是"商业秘密"，其本质是信息，而不仅仅是信息的载体。当然，在大多数情形下，不正当获取他人载体的目的是其中的商业秘密，如盗窃企业存储机密信息的硬盘是为了获取其中的技术资料；但是若行为人的偷盗行为仅仅针对该载体，而不是为了获取其中的商业秘密，即便其行为应当受到法律制裁，也应当基于其他法律法规进行规制，而不被认定侵犯商业秘密的行为。在商业秘密案件中，保护的是商业秘密权利人的竞争优势，并非财产安全。

对于破坏企业保密措施而获取商业秘密的行为，根据情形也可能被认定为"以不正当手段"获取他人商业秘密。例如，在公司明确规定了不得将公司文件复制回家或未经审批通过互联网发送到外部邮箱，或者通过技术手段作出了相应的限制时，若员工私自将公司文件通过 U 盘复制带走或者发送至个人邮箱或者外部邮箱，就属于"以不正当手段"获取他人商业秘密的情形。类似的案件还有通过拍照、录像等方式，将企业的涉密图纸带走。

以案说法 ◀◀◀◀

破坏公司规定可能构成不正当手段❶

该案中，根据法院已经查明的事实，叶某蕾在职期间违反拜耳北京分公司的保密规定，擅自将工作邮箱中的载有商业秘密信息的邮件转发至其个人邮箱，将工作计算机中存储的载有商业秘密信息的文件资料通过打印机进行打印的行为，导致拜耳北京分公司对其载有商业秘密的文件资料失去控制，面临随时被披露和使用的风险，从叶某蕾可以使用顺丰速运向公司外寄送包裹的行为，亦可以显示出公司涉密文件资料被打印后极易引发泄密风险，故叶某蕾的行为构成以其他不正当手段侵害拜耳北京分公司商业秘密。

以案说法 ◀◀◀◀

违反公司保密要求，构成侵犯商业秘密❷

崔某吉违反倍通数据的相关保密要求和保密管理规定，在倍通数据不知情的情况下，将含有涉案技术信息的文件通过电子邮件发送至私人邮箱，致使涉案技术信息脱离倍通数据的原始控制，使涉案技术信息存在可能被披露和使用的风险，该行为已经构成以盗窃手段获取他人商业秘密的行为。虽然崔某吉不属于《反不正当竞争法》第九条第一款规定的经营者，但根据该法第九条第二款的规定，崔某吉的行为应视为实施了第九条第一款第（一）项规定的盗窃权利人商业秘密的行为。

二、披露、使用或者允许他人使用非法来源的商业秘密

"非法来源"的商业秘密是指通过盗窃、贿赂、欺诈、胁迫、电子侵入或其他不正当手段获取的商业秘密，由于以上商业秘密获取的过程本身就

---

❶ 北京知识产权法院（2022）京 73 民终 2200 号。

❷ 最高人民法院（2021）最高法知民终 1687 号。

有不正当性，因此对这些商业秘密的进一步处置同样也属于侵犯商业秘密的行为。进一步处置则包括披露给他人、自己使用或者允许他人使用等行为。

三、违反保密义务，披露、使用或者允许他人使用合法来源的商业秘密

对于某些场景下，商业秘密并不是通过不正当手段获取的，例如，员工为了企业开展正常的生产经营活动而了解、知悉并使用企业的技术秘密、经营秘密；因合作关系或者其他业务关系在承担保密义务的情况下知悉到他人的商业秘密等，均属于合法来源的商业秘密。对于合法来源的商业秘密，需要按照保密要求进行合理使用，如果违反了保密义务，对具有合法来源的商业秘密作出非法处置（如披露、使用、允许他人使用等），同样会构成侵犯商业秘密的行为。如某公司的前员工离职后，将公司的商业秘密披露给了其他竞争对手，使得竞争对手能够获取并使用该商业秘密。根据《反不正当竞争法》的相关规定，这种行为侵犯了商业秘密权利人的合法权益。或者，企业的合作伙伴违反了与企业签订的保密协议，将企业的商业秘密披露给了第三方或者进行公开，亦或者超过双方约定的使用范围，在其他项目上也使用了权利人的该项商业秘密。上述行为也属于违反保密义务披露商业秘密，侵犯了商业秘密权利人的权益。

法条索引 ◀◀◀◀

《反不正当竞争法》（节选）

第九条　经营者不得实施下列侵犯商业秘密的行为：

（一）以盗窃、贿赂、欺诈、胁迫、电子侵入或者其他不正当手段获取权利人的商业秘密；

（二）披露、使用或者允许他人使用以前项手段获取的权利人的商业秘密；

（三）违反保密义务或者违反权利人有关保守商业秘密的要求，披露、

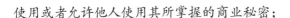

使用或者允许他人使用其所掌握的商业秘密；

（四）教唆、引诱、帮助他人违反保密义务或者违反权利人有关保守商业秘密的要求，获取、披露、使用或者允许他人使用权利人的商业秘密。

经营者以外的其他自然人、法人和非法人组织实施前款所列违法行为的，视为侵犯商业秘密。

第三人明知或者应知商业秘密权利人的员工、前员工或者其他单位、个人实施本条第一款所列违法行为，仍获取、披露、使用或者允许他人使用该商业秘密的，视为侵犯商业秘密。

本法所称的商业秘密，是指不为公众所知悉、具有商业价值并经权利人采取相应保密措施的技术信息、经营信息等商业信息。

《最高人民法院关于审理侵犯商业秘密民事案件
适用法律若干问题的规定》（节选）

第十三条 被诉侵权信息与商业秘密不存在实质性区别的，人民法院可以认定被诉侵权信息与商业秘密构成反不正当竞争法第三十二条第二款所称的实质上相同。

人民法院认定是否构成前款所称的实质上相同，可以考虑下列因素：

（一）被诉侵权信息与商业秘密的异同程度；

（二）所属领域的相关人员在被诉侵权行为发生时是否容易想到被诉侵权信息与商业秘密的区别；

（三）被诉侵权信息与商业秘密的用途、使用方式、目的、效果等是否具有实质性差异；

（四）公有领域中与商业秘密相关信息的情况；

（五）需要考虑的其他因素。

第十四条 通过自行开发研制或者反向工程获得被诉侵权信息的，人民法院应当认定不属于反不正当竞争法第九条规定的侵犯商业秘密行为。

前款所称的反向工程，是指通过技术手段对从公开渠道取得的产品进行拆卸、测绘、分析等而获得该产品的有关技术信息。

被诉侵权人以不正当手段获取权利人的商业秘密后，又以反向工程为由主张未侵犯商业秘密的，人民法院不予支持。

第五节　商业秘密赔偿数额的证明

商业秘密侵权行为在我国属于不正当竞争行为，在《反不正当竞争法》中对于赔偿数额的认定有以下路径：根据因不正当竞争行为受到损害的经营者的实际损失确定；如果实际损失难以计算的，按照侵权人因侵权所获得的利益确定。如果经营者恶意实施侵犯商业秘密行为，情节严重的，还可以按照1～5倍计算惩罚性赔偿金。赔偿数额还包括经营者为制止侵权行为所支付的合理开支。根据司法案例，可以被认可的合理开支一般包含律师费、调查取证费用、公证费、鉴定费、证据保全费用及因维权支出的其他合理费用等。

如果因为侵权者侵犯权利人的商业秘密，而权利人因被侵权所受到的实际损失、侵权人因侵权所获得的利益难以确定的，人民法院也可以行使自由裁量权，即根据侵权行为的具体情节判决给予权利人500万元以下的赔偿。

在通常情况下，根据以上规定，在商业秘密侵权案件中计算赔偿的依据有实际损失、侵权获利及法定赔偿三种。以下分别结合争议事实对三种计算方式进行分析。

一、实际损失证据

证明实际损失比较直接的证明是销售额的降低，除此之外商业秘密价值鉴定评估报告、研发投入证据及销售额本身等也能从侧面反映所主张商业秘密的市场价值与重要性，成为法官在裁判中进行综合考虑的因素。

1. 销售额的降低

销售额的降低是指权利人在遭遇侵权事件前后发生的针对某项商业秘密对应产品的销售额的降低。销售额降低是最能反映民法"填平原则"的计算方式，但是由于销售额本身受市场环境、经营策略及产品本身属性的影响，难以证明侵权行为与销售额所受影响的直接对应关系。另外，商业

秘密侵权行为对销售额的影响存在一定的滞后性，权利人在举证上有较大难度。特别是对于没有对应产品销售的商业秘密，如一些技术服务、测试方法等，侵权行为本身就存在隐蔽性，即使了解到相应侵权行为也难以证明该侵权行为造成的销售额的降低。这也是司法裁判中很少有直接适用该项标准去衡量实际损失的原因之一。

虽然存在以上种种难度，权利人在遭遇商业秘密侵权案件时也要注意收集销售额降低的损失证据，一般是通过侵权产品上市之后与之前的产品销售财务数据来进行说明。

2. 商业秘密价值鉴定评估报告

如果因侵权行为导致商业秘密已为公众所知悉的，侵权人应当就商业秘密本身价值向权利人赔偿，以补偿权利人因该商业秘密泄露所丧失的市场竞争优势。司法实践中，对于无法举证证明商业秘密价值的权利人，多选择通过鉴定评估的方式给出一个具体数额，法官也会将相关的评估价值纳入考虑范围。

3. 研发投入

研发投入可以在一定程度上证明商业秘密的价值和重要性，法官也会在确定判赔偿额时考虑相关因素。提供研发投入的证据包括技术项目的财务支出数据，购买原材料及研发设备的支出数据，委托外部机构进行委托研发或对产品进行测试的合同及发票，核心技术人员的工资与奖金等。研发投入很可能并非是针对单个技术秘密密点的投入，但是如果所提供的证据能够体现与涉案商业秘密越高的关联度，则被认定为研发投入的可能性也就越高。

二、侵权获利证据

侵权获利证据是指侵权方侵犯商业秘密生产的产品对应的获利情况。对于权利人来说，可以通过侵权方在网站上宣传的销售量、在淘宝等线上平台展示的销售量等方式获取，对于权利人自己无法充分举证的，也可以尝试通过已经掌握的线索申请法院调查取证，获取相应的销售数据或者财务信息。法院认为有必要的，也可以依职权依法责令被告提供其掌握的与侵权行为相关的账簿、资料，被告若无正当理由拒不提供或者提供虚假账簿、资料的，人民法院可以参考原告的主张和证据确定惩罚性赔偿数额的计算基数。若只能获得销售数据但不能获知对应获利的，可以通过提交同类产品的利润率作为证据。

法条索引 ◀◀◀◀◀

《反不正当竞争法》（节选）

第十七条 经营者违反本法规定，给他人造成损害的，应当依法承担民事责任。

经营者的合法权益受到不正当竞争行为损害的，可以向人民法院提起诉讼。

因不正当竞争行为受到损害的经营者的赔偿数额，按照其因被侵权所受到的实际损失确定；实际损失难以计算的，按照侵权人因侵权所获得的利益确定。经营者恶意实施侵犯商业秘密行为，情节严重的，可以在按照上述方法确定数额的一倍以上五倍以下确定赔偿数额。赔偿数额还应当包括经营者为制止侵权行为所支付的合理开支。

经营者违反本法第六条、第九条规定，权利人因被侵权所受到的实际损失、侵权人因侵权所获得的利益难以确定的，由人民法院根据侵权行为的情节判决给予权利人五百万元以下的赔偿。

三、惩罚性赔偿证据

知识产权侵权案件在司法实践中的典型特征之一是损害赔偿计算难、判赔数额低。这一问题一方面导致权利人损失难以弥补，另一方面导致知识产权侵权难以有效遏制。知识产权惩罚性赔偿制度提高了侵权者的侵权成本，可以更好地依法惩处严重侵害知识产权的行为，维护权利人的合法权益，有助于构建鼓励创新的营商环境。

《最高人民法院关于审理侵害知识产权民事案件适用惩罚性赔偿的解释》规定了适用惩罚性赔偿的因素是"故意"且"情节严重"。

其中第三条中规定了对"故意"的认定"应当综合考虑被侵害知识产权客体类型、权利状态和相关产品知名度、被告与原告或者利害关系人之间的关系等因素",并列举了可以初步认定被告具有侵害知识产权的故意的行为。该司法解释第四条中规定了对"情节严重"的认定"应当综合考虑侵权手段、次数,侵权行为的持续时间、地域范围、规模、后果,侵权人在诉讼中的行为等因素",并列举了可以认定为情节严重的行为。以上规定给原告的举证提供了相应的思路。

为了证明侵权方的行为应当判处惩罚性赔偿,权利人可以从以下角度进行证据收集:侵权人非法获取商业秘密的手段恶劣;侵权人非法获取或使用的商业秘密数量较多;侵权行为持续时间长、范围广;被告经原告或者利害关系人通知、警告后,仍继续实施侵权行为;被告或其法定代表人、管理人是原告或者利害关系人的法定代表人、管理人、实际控制人;被告与原告或者利害关系人之间存在劳动、劳务、合作、许可、经销、代理、代表等关系,且接触过被侵害的知识产权;被告与原告或者利害关系人之间有业务往来或者为达成合同等进行过磋商,且接触过被侵害的知识产权;因侵权被行政处罚或者法院裁判承担责任后,再次实施相同或者类似侵权行为;以侵害知识产权为业;伪造、毁坏或者隐匿侵权证据;拒不履行保全裁定;侵权获利或者权利人受损巨大;侵权行为可能危害国家安全、公共利益或者人身健康等。

法条索引

《最高人民法院关于审理侵害知识产权民事案件适用惩罚性赔偿的解释》(节选)

第三条 对于侵害知识产权的故意的认定,人民法院应当综合考虑被侵害知识产权客体类型、权利状态和相关产品知名度、被告与原告或者利害关系人之间的关系等因素。

对于下列情形,人民法院可以初步认定被告具有侵害知识产权的故意:

(一)被告经原告或者利害关系人通知、警告后,仍继续实施侵权行

为的;

（二）被告或其法定代表人、管理人是原告或者利害关系人的法定代表人、管理人、实际控制人的;

（三）被告与原告或者利害关系人之间存在劳动、劳务、合作、许可、经销、代理、代表等关系，且接触过被侵害的知识产权的;

（四）被告与原告或者利害关系人之间有业务往来或者为达成合同等进行过磋商，且接触过被侵害的知识产权的;

（五）被告实施盗版、假冒注册商标行为的;

（六）其他可以认定为故意的情形。

第四条 对于侵害知识产权情节严重的认定，人民法院应当综合考虑侵权手段、次数，侵权行为的持续时间、地域范围、规模、后果，侵权人在诉讼中的行为等因素。

被告有下列情形的，人民法院可以认定为情节严重:

（一）因侵权被行政处罚或者法院裁判承担责任后，再次实施相同或者类似侵权行为;

（二）以侵害知识产权为业;

（三）伪造、毁坏或者隐匿侵权证据;

（四）拒不履行保全裁定;

（五）侵权获利或者权利人受损巨大;

（六）侵权行为可能危害国家安全、公共利益或者人身健康;

（七）其他可以认定为情节严重的情形。

第五条 人民法院确定惩罚性赔偿数额时，应当分别依照相关法律，以原告实际损失数额、被告违法所得数额或者因侵权所获得的利益作为计算基数。该基数不包括原告为制止侵权所支付的合理开支;法律另有规定的，依照其规定。

前款所称实际损失数额、违法所得数额、因侵权所获得的利益均难以计算的，人民法院依法参照该权利许可使用费的倍数合理确定，并以此作为惩罚性赔偿数额的计算基数。

人民法院依法责令被告提供其掌握的与侵权行为相关的账簿、资料，

被告无正当理由拒不提供或者提供虚假账簿、资料的，人民法院可以参考原告的主张和证据确定惩罚性赔偿数额的计算基数。构成民事诉讼法第一百一十一条规定情形的，依法追究法律责任。

四、通过协议约定降低举证难度

企业可以通过建立健全商业秘密保护体系，在与员工或者合作方签署协议时明确商业秘密的范围及赔偿责任，在无法对损失进行举证的情况下根据协议约定主张权利。

由于权利在遭遇商业秘密侵权时证明损失对权利人来说具有一定的难度，因此从有利于企业维权的角度，建议企业通过建立健全商业秘密保护体系，明确商业秘密范围及内容，对员工侵害商业秘密的赔偿责任计算方式或赔偿金额作出明确约定。这样不仅能便于企业进行维权，也能有效降低纠纷发生后企业对于商业秘密认定要件、损害赔偿数额的举证成本。

在司法实践中，证明因侵权造成的损失具有较大难度，一般建议企业在保密协议中约定明确数额，一旦发生商业秘密侵权纠纷又无法准确证明损失金额时，法院也会将协议约定的违约金数额作为认定侵权责任承担的重要因素之一。保密协议的内容及违约金条款的设置参见商业秘密人员管理中员工保密协议及对外合作交流中保密协议起草的部分。

例如，在宁波 A 公司诉王某中侵害商业秘密纠纷案❶中，法院认为：在双方就违反保密义务所应承担的违约金及计算方式已作约定的情况下，原告可主张适用当事人意定违约金作为赔偿数额，无须再就原告因侵权行为所遭受的损失或被告因侵权所获利润进行举证。

第六节　防范商业秘密信息在诉讼中的二次泄密

诉讼过程中，权利人为了证明自身所主张的商业秘密权利，必须提供

---

❶ 浙江省宁波市鄞州区人民法院（2019）浙 0212 民初 11565 号。

载有相关密点的证据，进而证明所主张的密点符合商业秘密的构成要件。作为被诉侵权方，为了证明某项商业秘密为自身研发获得或者拥有其他合法来源，也需要提交包含商业秘密的大量证据。

根据诉讼规则，权利人所提交的全部证据材料必须在法庭上出示，交由被告质证。原告证据中围绕商业秘密构成要件证明的证据必定包含了大量技术秘密信息。在商业秘密侵权诉讼中，当事人双方大概率为同行业竞争者，对于某些核心技术秘密点，很可能在展示证据的过程中被对方轻易地知悉并理解，甚至可能让被告借此机会了解了原本不知道的原告商业秘密。

为了避免上述情况的发生，权利人在发起商业秘密侵权诉讼时应当注意谨慎确定诉讼证据的披露范围，并且积极通过行为保全和不公开审理防止商业秘密信息在诉讼中产生二次泄密。

一、谨慎确定诉讼证据的披露范围

第一，作为权利人，需要根据其掌握及可以收集到的被告侵权证据对被告的侵权行为作出较为准确的认定，判断其事实上使用的原告商业秘密信息的范围。

第二，当事人应当在提交证据上进行选择，寻求充分支持自身论点和商业秘密最少披露的平衡点。一方面，权利人选择披露的证据应当完整体现被诉侵权商业秘密的内容；另一方面，对于证据中体现出来的其他商业秘密，应当进行遮盖或者考虑是否提供。如果作为应诉方，应当注意在合理披露证据证明被诉商业秘密系由自身研发或者具有其他合理来源时，不过度披露，防止对方通过假借诉讼获取己方商业秘密。

第三，原告可以积极利用法律规定，要求在向相关诉讼参与人出示涉密证据前，要求其签订保密协议、作出保密承诺，或者申请法官通过裁定等法律文书的形式责令其不得出于该案诉讼之外的任何目的披露、使用、允许他人使用在诉讼程序中接触到的秘密信息。如果侵权方诉讼参与人为熟悉该技术领域的技术人员，原告也可以尝试向法官提出限制或者禁止复制案卷，相关证据仅对代理律师展示等申请。尽管"限制或者禁止复制案卷，相关证据仅对代理律师展示"等措施出自审理因垄断行为引发的民事纠纷案件的相关司法解释，但是根据北京知识产权法院兰国红法官的观点，"虽然上述规定并不直接针对侵害商业秘密案件，但在侵害商业秘密案件中同样存在涉密证据及诉讼中的商业秘密保护问题，故可以类推适用上述规定。"❶从法理上分析，法院在保障当事人基本知情权的前提下对涉密证据采取保护措施也是商业秘密案件可以申请不公开审理规则的延伸。

法条索引 ◀◀◀◀

《最高人民法院关于知识产权民事诉讼证据的若干规定》（节选）

第二十六条　证据涉及商业秘密或者其他需要保密的商业信息的，人民法院应当在相关诉讼参与人接触该证据前，要求其签订保密协议、作出保密承诺，或者以裁定等法律文书责令其不得出于本案诉讼之外的任何目的披露、使用、允许他人使用在诉讼程序中接触到的秘密信息。

当事人申请对接触前款所称证据的人员范围作出限制，人民法院经审查认为确有必要的，应当准许。

《最高人民法院关于审理因垄断行为引发的民事纠纷案件
应用法律若干问题的规定》（节选）

第十一条　证据涉及国家秘密、商业秘密、个人隐私或者其他依法应当保密的内容的，人民法院可以依职权或者当事人的申请采取不公开开庭、限制或者禁止复制、仅对代理律师展示、责令签署保密承诺书等保护措施。

二、通过申请行为保全防止商业秘密进一步泄露

商业秘密案件大多案情复杂、证据庞杂，技术秘密侵权纠纷还多涉及专业化较高的技术问题的认定，再加上诉讼中多存在对技术秘密的鉴定等程序，以上原因导致了商业秘密案件的审理周期较一般民事侵权诉讼的审理周期要偏长。若权利人只有在判决生效后才能令侵权方停止披露扩散商

---

❶ 兰国红，《商业秘密维权这些要点需注意》。

业秘密，那么很可能导致侵权损失的扩大，甚至造成不可挽回的后果。对于此类案件，为了防止商业秘密进一步扩散，权利人应当积极申请行为保全。行为保全是指在民事诉讼的概念中，为避免当事人或者利害关系人的利益受到不应有的损害或进一步的损害，法院依其申请对相关当事人的侵害或有侵害之虞的行为采取强制措施。对行为保全的裁定，不可以上诉，但可以申请复议。在知识产权领域适用行为保全的场景最多，因此最高人民法院更是专门针对行为保全案件作出专门的司法解释，其中对于"情况紧急"的列举第一种情况就是"申请人的商业秘密即将被非法披露"。最高人民法院也在商业秘密案件的司法解释中明确了相关行为保全措施及其要求，对于"试图或者已经以不正当手段获取、披露、使用或者允许他人使用权利人所主张的商业秘密"并且"不采取行为保全措施会使判决难以执行或者造成当事人其他损害，或者将会使权利人的合法权益受到难以弥补的损害的"行为，法院可以对被申请人作出行为保全的裁定。

法条索引 ◀◀◀◀

107

《民事诉讼法》（节选）

第一百零三条　人民法院对于可能因当事人一方的行为或者其他原因，使判决难以执行或者造成当事人其他损害的案件，根据对方当事人的申请，可以裁定对其财产进行保全、责令其作出一定行为或者禁止其作出一定行为；当事人没有提出申请的，人民法院在必要时也可以裁定采取保全措施。

人民法院采取保全措施，可以责令申请人提供担保，申请人不提供担保的，裁定驳回申请。

人民法院接受申请后，对情况紧急的，必须在四十八小时内作出裁定；裁定采取保全措施的，应当立即开始执行。

《最高人民法院关于审查知识产权纠纷行为保全案件适用法律若干问题的规定》（节选）

第六条　有下列情况之一，不立即采取行为保全措施即足以损害申请人利益的，应当认定属于民事诉讼法第一百条、第一百零一条规定的"情况紧急"：

（一）申请人的商业秘密即将被非法披露；

（二）申请人的发表权、隐私权等人身权利即将受到侵害；

（三）诉争的知识产权即将被非法处分；

（四）申请人的知识产权在展销会等时效性较强的场合正在或者即将受到侵害；

（五）时效性较强的热播节目正在或者即将受到侵害；

（六）其他需要立即采取行为保全措施的情况。

《最高人民法院关于审理侵犯商业秘密民事案件适用法律若干问题的规定》（节选）

第十五条 被申请人试图或者已经以不正当手段获取、披露、使用或者允许他人使用权利人所主张的商业秘密，不采取行为保全措施会使判决难以执行或者造成当事人其他损害，或者将会使权利人的合法权益受到难以弥补的损害的，人民法院可以依法裁定采取行为保全措施。

前款规定的情形属于民事诉讼法第一百条、第一百零一条所称情况紧急的，人民法院应当在四十八小时内作出裁定。

以案说法 ◀◀◀◀

权利人可向法院申请行为保全❶

2013 年 7 月 2 日，美国礼来公司、礼来中国公司向上海市第一中级人民法院起诉其前员工黄某某侵害技术秘密，同时向法院申请行为保全，要求法院责令被告不得披露、使用或者允许他人使用从申请人处盗取的 21 个商业秘密文件。

申请人称：被申请人黄某某于 2012 年 5 月入职礼来中国公司，担任化学主任研究员工作。礼来中国公司与被申请人签订了保密协议，并进行了

---

❶ 上海第一中级人民法院（2013）沪一中民五（知）初字第 119 号裁定书。

相应的培训。2013 年 1 月，被申请人黄某某从礼来中国公司的服务器上下载了 48 个申请人所拥有的文件（其中 21 个为原告核心机密商业文件），并将上述文件私自存储至被申请人所拥有的设备中。经交涉，2013 年 2 月，被申请人签署同意函，向申请人承认："我从公司的服务器上下载了 33 个属于公司的保密文件……"并承诺："我允许公司或公司指定的人员检查第一手非公司装置和第二手非公司装置，以确定我没有进一步转发、修改、使用或打印任何公司文件。如果公司或其指定人员在非公司装置中发现任何公司文件或内容，我授权公司或其指定人员删除这些公司文件及相关内容。"

此后，申请人曾数次派员联系被申请人，要求其配合删除机密商业文件，并由申请人派员检查并确认上述机密商业文件已被删除。但是被申请人无视申请人的交涉和努力，拒绝履行同意函约定的事项。鉴于被申请人严重违反公司制度，申请人于 2013 年 2 月 27 日致信被申请人宣布解除双方劳动关系。申请人认为，由于被申请人未履行承诺，致使申请人的商业秘密处于随时可能因被申请人披露、使用或者许可他人使用而被外泄的危险境地，对申请人造成无法弥补的损害。为支持其申请，申请人还向法院提供了涉案 21 个商业秘密文件的名称及内容、被申请人的承诺书、公证书、员工信息设备配备表格、劳动关系终止通知函、直接及间接成本统计表等证据材料。申请人就上述申请还提供了担保金人民币 10 万元。

上海市第一中级人民法院裁定禁止被申请人黄某某披露、使用或允许他人使用涉案 21 个文件。

三、通过申请不公开审理防止因诉讼公开而泄密

公开审判原则是诉讼法的基本原则之一，民事诉讼法、行政诉讼法和刑事诉讼法均规定，人民法院审判案件，实行公开审判制度。该原则具体包括审理过程的公开和审判结果公开，即审理公开和判决公开。公开审判原则要求人民法院审理案件、宣告判决，均应当公开进行，即除合议庭评议秘密进行外，允许群众旁听案件审判情况，对群众公开；允许新闻记者采访报道案件审判情况，通过新闻媒介向全社会公开。

公开审判原则也有例外，在涉及商业秘密的特殊类型案件中，为了兼顾诉讼权利的保障和商业秘密的保护，允许案件不公开审理。当事人可以就案件涉密情况向法官进行说明，申请不公开审理，法院认定应当不公开审理的，则案件庭审及审判情况可以不公开，或者在对涉密内容进行处理后再将判决书公开。应当注意的是，涉及商业秘密案件的不公开审理需要由当事人申请，权利人及其诉讼代理人应当充分利用该程序保护自身合法权益。

法条索引 ◀◀◀◀

《民事诉讼法》（节选）

第一百三十七条 人民法院审理民事案件，除涉及国家秘密、个人隐私或者法律另有规定的以外，应当公开进行。

离婚案件，涉及商业秘密的案件，当事人申请不公开审理的，可以不公开审理。

结　　语

　　商业秘密是科技成果最重要的知识产权保护方式之一，是科研单位与科技型企业等创新主体的核心竞争力。商业秘密不仅是保护创新成果的重要手段，也是维护创新优势的重要方法。习近平总书记在第二届"一带一路"国际合作高峰论坛开幕式的主旨演讲中强调要"完善商业秘密保护，依法严厉打击知识产权侵权行为"。

　　商业秘密关乎企业的竞争力，对科技企业的发展至关重要，甚至直接影响企业的生存发展。科研活动中注意商业秘密的合规管理，防止侵犯他人的商业秘密并同时依法制裁侵犯商业秘密行为，这是保护企业产权的重要方面，也是维护公平竞争，保障企业投资、创新、创业的重要措施。